峨眉武术教程

峨眉武术段位制教材

吴信良 著

長江出版傳媒
湖北科学技术出版社

图书在版编目(CIP)数据

峨眉武术教程 / 吴信良著. —武汉:湖北科学技术出版社, 2018.11
ISBN 978-7-5706-0545-3

Ⅰ. ①峨… Ⅱ. ①吴… Ⅲ. ①武术—峨眉山市—教材
Ⅳ. ①G852

中国版本图书馆 CIP 数据核字(2018)第 236903 号

策　　划:徐　竹　李慎谦
视频编辑:邱佩实　陈慧雯
责任编辑:谭学军　徐　竹　　封面设计:胡　博

出版发行:湖北科学技术出版社　　电话:027-87679468
地　　址:武汉市雄楚大街 268 号　　邮编:430070
(湖北出版文化城 B 座 13-14 层)
网　　址:http://www.hbstp.com.cn

印　　刷:武汉中科兴业印务有限公司　　邮编:430071

787×1092　1/16　16.75 印张　300 千字
2019 年 1 月第 1 版　2019 年 1 月第 1 次印刷
定价:48.00 元

前　言

名闻中外的少林、武当、峨眉三大武术是流传千古的中华武术的三大柱石，世界知名度极高。然由于各种原因人们对峨眉武术知之甚少，加之峨眉武术的特点是以小胜大，出招阴毒怪异，令人倍感神秘且深不可测，故在文人的笔下便有了关于峨眉武术各种荒诞不经的说法。

为了让世人真正地了解峨眉武术，弘扬峨眉武术，让古老的峨眉武术服务于大众，服务于社会，四川道之道峨眉武术研究院现面向社会推出峨眉武术段位制教程。针对不同层面的受众，本段位制教程简要介绍峨眉武术源远流长的悠久历史。根据峨眉武术的特点，从实用性和趣味性出发，按照拿、推、打、踢、摔的分类方法，由简单的单练套路构成骨架，上下半段分由两人配合完成就是一趟对练，每一个动作拆散开来就是一招实用防身技击术。

在具体的编写中我们更注重由浅入深逐渐深化，学即能用的方式，在段前增加了九级，段前一、二、三级采用最基本的技术，能使学者迅速了解和掌握武术的基本动作，集体练习时配以口令容易做到整齐划一气势恢宏，能极大地调动初学者的兴趣，让组织者和家长迅速地看到教学的成效；段前四、五、六级采用峨眉武术中能让青少年增智开慧激发生命潜力的简单功法，使初学者真正了解峨眉武术桩技一体内修外练的独特作用；段前七、八、九级采用峨眉武术的三种基本步法，让学者充分领悟峨眉武术区别于少林武当注重“法门以步为先”的风格特点。进入一段即以峨眉武术的串子手作为主要教学内容，让学习者一旦进入正式段位制学习，就能迅速地体会到峨眉武术以小胜大，以弱胜强的特殊威力，增强学生的学习兴趣和热情。随着学员所掌握技术的不断深化和多元化，拿法与推法相融合，打法与踢法相融合，与摔法相融合等，正是在这种温故而知新，不断强化的考段过程中，让我们的学员真正理解峨眉武术精粹之所在，在日常生活中真正做到自强自信，在遭遇不法侵害的时候能真正自保。我们希望通过本教材的学习，能让广大青少年及各年龄段的武术爱好者通过学、练，系统地掌握峨眉武术中的实用核心技术，让广大青少年从小养成尊敬师长、孝敬父母的好习惯，增强体质，益智开慧；让中老年朋友强身健体、强健体魄，丰富业余生活，延年益寿。

本教材是在四川道之道峨眉武术研究院的指导下，由中国武术八段、四川省首任散打教练、峨眉武术联合总会秘书长兼总教练吴信良先生亲自执笔并示范，季筠、李道政等人配合完成。

吴信良

2018 年 7 月

编写说明

中华武术历史悠久，源远流长，数千年来，在武术漫长的发展历程中逐步形成了129个源流有序、拳理明晰、自成体系的拳种，这些拳种风格各异，各具特色，共包含数千个拳术、功法、器械套路，可谓是内容丰富体系庞大。但不论何门何派，终离不开攻防格斗这个实质核心，踢、打、摔、拿、击、刺等技击动作的不同组合充斥了中华武术庞大体系的全部。面对如此庞大的体系，世界各国搏击高手都在其中各取所需，吸取精华和养分，为他们的事业服务，当今流行的世界拳王争霸赛的拳王和散打界的高手们，他们追求的是“KO对手”“一招制敌”，他们强调的是“功力”和“技能”；国际刑警和公安战士追求的是运用最简捷有效的方法，在最短的时间内惩制不法侵害，有效地打击不法犯罪，从而达到扼制暴力，保证社会安定之目的。他们强调的是“高技术性”和“技能”的完美结合。而本段位制教程所追求的是攻防技术的传承，强调的是整个技术体系的教、学过程，我们的目的是要让参与者尽量不走或少走弯路，我们深知传承中出现的谬误会让学者误入岐途，而正确合理的教学方能让学者举一反三，进入最佳的、学以致用的捷径，因此，我们在本书中所传授的尽可能是符合人体力学原理，方法简捷，在峨眉武术千百年的传承中经不断总结所形成的科学、实效的各类动作。为了便于让学员们掌握，我们将峨眉武术各门各派都离不开的攻防格斗动作按打、踢、靠、拿、摔五类徒手核心技术进行分类，由简单的单练套路构成骨架，上下半段分由两人配合完成就是一趟对练，每一个动作拆散开来就是一招实用防卫术。目的是让参与者完整掌握各类技术的要素。

在具体的编写中，我们更注重由浅入深逐渐深化、学即能用的方式，让学者在段前一、二、三级的学习时通过集体演练来提高他们的学习兴趣，帮助初学者掌握最基本的武术动态和知识，在段前四、五、六级的学习中让学员了解峨眉武术庄技一体的特点，通过简单的功法训练来迅速提高学者的身体素质，益智开慧，激发学员的生理潜能，通过段前七、八、九级的学习，让学员掌握峨眉武术中“法门以步为先”“短见长，脚下忙”的特殊个性，而一旦真正进入初段位的阶段，峨眉串子手立竿见影的特效就能迅速地让学员体会到峨眉武术身术以小胜大、以弱胜强的特殊威力，增强学员的学习兴趣和热情。随着学员所掌握技术的不断深化和多元化，拿法与推法相融合，打法与踢法相融合，踢打法与靠法相融合、与摔法相融合等，正是在这种温故而知新、不断强化的考段过程中，让我们的学员真正理解中华武术精粹之所在，在日常生活中真正做到自强自信。

当然，正如拳谚所说：“不怕千招会，就怕一招熟。”一招熟了就可能是绝招。形意拳巨擘郭云深功力深厚，所向披靡，享有“半步崩拳打天下”之美誉。殊不知这半步崩拳，则是郭云深寒暑不易，朝夕苦练，每日必操万遍崩拳方形成的绝技。

本书中那一个个看似简单的招法，都是一个个针对对手要害及薄弱环节，结构符合人体力学，经前人无数次实践所传袭下来的正确招法。我们的学者在完整掌握各类技术要素的基础上，可根据自身的特点和具体情况在本书中选择部分最适合自己的招法进行练习，这种简单科学的招法在经过千百次的练习和不断拆招体会后，形成了运动动力定型的自动化反射后就可以称为是你自己的“绝招”了。一旦真正地形成了你自己的绝招，在遭遇不法侵害的时候就可让诚实的柔弱者运用最简捷有效的方法，在最短的时间内惩制或脱离不法控制，有效地预防和打击不法侵害的发生，从而达到扼制暴力，将伤害减轻到最小程度的自卫防身目的。

在平常的练习时，双方要配合默契，以熟练动作为主，点到为止，以免误伤同学。为了提高练习兴趣、巩固技术运用，可以多做拆招练习，或将套路中的所有动作都以拆招的方式来练习，并对单个动作进行重复练习以提高动作质量，形成你自己的绝招。

学会了一定的招式，并不等于你在遭遇不法分子的侵害时一定就能够旗开得胜，实际的生死搏杀充满了太多的未知因素和不确定因素，所以在闲暇之时还应多学习一些防卫策略，学习一些实战格斗所必备的知识，如：审势、寻隙、识机、距离感、战术等。在真正遭遇歹徒时更重要的是心理镇定，能跑则跑、能避则避。确实无法回避的情况下千万不可胆怯害怕，一定要将周围的地势、对方的态势看清楚，选好防卫后的撤退路线，在对方靠近时假作害怕状，或用语言麻痹对方，使其放松警惕，看准机会猛然出击，用最相宜的招法猛攻对方要害，一旦得手，迅速向人多的地方撤离并高声呼救。一定要避免自卫不力而反导致侵害程度上升的不利局面出现。

本书不但是初学者的良师益友，对于广大的公安干警、武警战士，乃至国际拳王争霸赛的拳王们、散打界的精英高手们来说，他们也能从中找到各自所需的技法以丰富自己的知识，为自己的搏击生涯注入新的活力。

目　　录

第一章　概　　述

第一节　峨眉武术沿革

峨眉山位于中国四川省西南部，与昆仑邛崃一脉相连。《山海经》中所说皇人、中皇、西皇就是今天的大峨山、二峨山和三峨山，清代又增添了四峨山。大峨山即今之峨眉山，古称“震旦第一山”。

关于峨眉派武术历史沿革，与少林派和武当派有所区别，少林派相传是南北朝时期来华的古印度高僧、中国禅宗始祖达摩传授的；武当派是由明初道家张三丰创始的。峨眉派的始创则远远早于两派，根据现有史料研究后认为，峨眉武术孕育时间可追溯到上古时期，成型于战国时代，以白猿祖师（司徒玄空）的“峨眉通臂拳”为历史依据。关于峨眉武术的地域定义，史学界尚有争议：从广义上认为，峨眉武术形成于峨眉山，故以峨眉而得名，流传于巴蜀（西南大部）地域范围内的武术各流派由于相近的地理环境和相通人文自然，所形成的风格和特征非常相近相通，均以“峨眉派武术”相称，形成为以峨眉山为主的一大地域性武术派系——峨眉派。

关于峨眉派武术的理论划分，应该客观公正，必须以史为鉴。从理论上讲，峨眉派武术是在武术的基础上形成的，武术则来源于武艺等形式，与社会意识形态有着密切的联系，在形成和发展进程中，必然会受当时的政治、经济、文化和地域因素的制约。所以，峨眉武术在孕育期间不可避免地要受到根深蒂固的巴蜀神巫文化影响，在形成期间得益于道家养生行气之术和佛门内外兼修之精髓，在发展中受到楚越文化、中原文化和巴蜀文化的熏陶，是数千年来巴蜀各民族的智慧和结晶。

一、峨眉武术源起于上古

关于峨眉武术的起源，是武学界一直关心的议题，目前把成型期统一为春秋时期的战国，是非常客观公正的，已被广大武术爱好者和武术学者所接受。正因为峨眉武术源起于广袤的古巴蜀地区，孕育成型于春秋战国，那么峨眉武术孕育时间应溯源到上古，这是个没有统一文字的社会，还没有“武术”这个称谓。

众所周知，上古时期巴蜀先人信奉神灵，崇尚养生之术，神巫文化是生存所需的信仰，希望自己能长生不老，能够成仙升天。《庄子·刻意》云："吹呴呼吸，吐故纳新，熊经鸟伸，为寿而已矣，此导引之士，养形之人，彭祖寿考之所好也。"文中所指的彭祖，就是传说中活了八百八十寿的川西地区雅砻江人——篯铿，篯铿是彭祖的原名，系高阳帝颛顼的玄孙，祝融吴回的孙子、陆终氏之三子，是一位功高日月的养生专家和实践家。传说彭祖自尧帝起，历经夏、商、周，后被道教奉为仙真。彭祖所创立的导引术、膳食术、房中术是中华养生术的瑰宝，润泽后世。

《华阳国志·序志》载："彭祖本生蜀，为殷太史。"蜀就是我们现在的川渝。殷王为了长生不老，礼请彭祖到朝中任大夫，彭祖发现殷王生性残暴，不愿授其长寿之术，殷王于是恼羞成怒，但又找不到彭祖什么过错。殷王正感无奈，遇"邳"方作乱，于是派没有武功的彭祖前去平乱，目的是借此将其置于死地。彭祖在临危受命中想起"帝乃敷文德，午干羽于俩阶，七旬，有苗格"的典故(见《尚书·大禹谟》)。那是在记舜时，有三苗兴兵，舜命禹带兵进行讨伐，经多次交战不分胜负，禹便息兵练武，70 天后再战，终于摄服三苗。彭祖于是派人找到当年的将士后裔，向禹兵学习讨教其术，将其搏杀技能和当时川东地区的巫术融入到"内养外壮术"中，殷兵的战斗力陡然猛增，最终打败了力能折凹(即空手能打死野牛)的"邳"方诸侯，在历史上留下了"彭伯克邳"的佳话。

正因如此，禹的搏杀术与彭祖内修术的结合，在"内外双修"和"刚柔并济"中，不自觉地显现了"武术"雏形，为"峨眉武术"的孕育提供了丰富的理论依据。

二、峨眉武术孕育在春秋

2006 年，山东大学考古系在三峡库区开县渠口镇余家坝考古中，发现一处罕见的特大型战国墓葬群，每墓有七八件戈、矛、剑、钺等青铜兵器出土。青铜兵器上的纹饰符号，以武艺表现形式的图腾极为丰富，文饰精美。成都羊子山出土的汉画像砖上的"舞剑图""剑戟对战图"；川南珙县焚人悬棺周围彩绘"击剑图"和风箱崖夔人悬棺墓中的青铜剑、矛、钺、戈、刀、箭簇；峨眉山符溪镇土坑墓出土的青铜兵器，等等，足以证明巴蜀先民是一个崇尚武艺、能征惯战的勇敢民族。

《华阳国志》之《巴志》载："周武王伐纣，实得巴蜀之师、巴师勇锐，歌舞以凌殷人。"这里的歌舞即指"巴渝舞"，应为武术套路的前身。

巴蜀先民善以"喜则相戏，怒则相斗"，把与野兽相搏和征战中所获得的搏杀技巧用"舞"形加以彰显。在巴蜀地区除了这种典型的巴渝舞外，还有很多以"舞""戏"形式出现的"武术"雏形，如"剑器舞""斗牛戏""角抵戏""跳剑戏""板盾舞""傩舞"等。这些带有神巫文化烙印的"戏""舞"来源于生活，富有表现情趣，利于传播，具有顽强的生命力，客观上为"峨眉武术"的孕育起到了积极的作用。

三、峨眉武术形成于战国

峨眉山曾是道家的"洞中福地"，《魏书释老志》载："道家之源，出于老子……授轩辕于峨眉,教帝喾于牧德。”

受神巫文化影响,春秋战国时期,有不少文人方士为修炼成仙而隐居深山,千里迢迢来到峨眉。有武士司徒玄空耕食于峨眉山中,与灵猴朝夕,模仿其动作,创编了一套攻守灵活的拳术——“峨眉通臂拳”。据东晋《搜神记》卷十二记载:“蜀中西南高山之上,有物与猴相类,长七尺,能作人行,善走逐人,名曰‘猴国’,亦名‘马化’和‘玃猿’。”因司徒玄空常着白衣,徒众尊称为“白猿祖师”。

《中国武术史》载:“战国白猿,姓白名士口,字衣三,号动灵子。”《四川武术大全》称“通臂拳为战国时期由白猿公所创(白猿公姓白名士口,字衣三,道号洞灵子,即四川的司徒玄空。司徒年迈时人称白猿道人,在峨眉山授徒甚众)”。《峨眉山县志》又载:“战国时期,‘白猿公’司徒玄空(姓白名士口,字衣三,道号洞灵子)创峨眉通臂拳,猿公剑法传世。”“峨眉通臂拳”的闻世,对峨眉派武术形成的理论依据具有划时代意义。

东汉赵晔《吴越春秋·勾践阴谋列传第九》有“女侠越女应越王勾践之召赴朝廷途中,持剑与自称‘袁公’的老翁以竹过招,袁公飞身上树,变为白猿”的记载。以上记载为峨眉派武术的根源提供了更有力的佐证,“白猿”之名在史志中被泛泛提及,这在武学史上实属罕见。明代爱国将领右佥都御史唐顺之(1507—1560,嘉靖会试第一名)曾观峨眉道人练拳,写下了著名的《峨眉道人拳歌》(见《荆川先生文集》卷二),文中曰“道人更自出新奇,乃是山中白猿授”,这与“白猿祖师”的描述完全一致。所以很多学者认为白猿祖师(司徒玄空)为峨眉派武术的祖师,应属当之无愧,这一观点得到了广大武学界的普遍认同。

《后汉书·南蛮传》载:“阆中有渝水,其人居多水左右,天性劲勇,初为汉前锋,数陷阵,俗喜歌舞,高祖观之,曰:‘此武王伐纣之歌也。’乃命乐人习之,所谓巴渝舞也。”后来,汉武帝承袭祖业,北伐匈奴,南征鸥越,纵横大漠,常以巴渝舞来耀兵于万国使节,迫使桀骜不驯的草原游牧臣服纳贡。盛行古巴蜀地区的“戏舞”对峨眉武术的形成具有积极的意义。

南北朝时期,东魏孝静帝的镇南将军林淡然晚年隐居峨眉山中峰寺,法号太空,将搏杀格斗术融入到武术中。当时有一些身怀绝技的武士来到峨眉山修炼习武,据明人方汝浩辑《禅真逸史》载,北朝东魏孝静帝年间(534—549),武将林时茂(491—618)来到峨眉山中峰岭修炼等等。唐代峨眉山田道士和彭道士在巴蜀“舞”“戏”的基础上创编的“元鹤舞”和“玄鹤舞”,进一步证明了峨眉武术正逐渐走向成熟。

四、峨眉武术成熟在南宋

《华严经》《楞严经》则把峨眉山喻为“光明山”和“普贤道场”。到了两宋,是峨眉山佛教的兴旺时期,确立了普贤道场地位,峨眉武术得到了相应的发展。

峨眉武术发展中另一个关键人物是南宋建炎元年(1127 年)金顶高僧白云禅师,他所创编的“峨眉十二庄”,较完整地体现了庄技一体,实战与养生并重的峨眉武术。“峨眉十二庄”的出现无论从理论上还是实践中都为峨眉武术内修外练、刚柔并济、庄技一体、形神合一提供了较为完善的理论依据和实践功效，成为峨眉武术发展成熟的里程碑。

白云禅师原系一道士，在峨眉山皈依佛门。他根据道家的“内养练丹术”和“导引吐纳法”，结合佛门的“动静气功功法”，再以人体阴阳虚实脏腑盛衰机理，创编出一种融“庄”“技”为一体、合“身”“心”为一炉的“峨眉临济气功”，后人称之为“峨眉十二庄”。“峨眉十二庄”中所讲的擒拿封闭、背锁刁揉、钩弹针踢、吞吐浮沉等要诀，直到今天仍然是峨眉拳系中各分支流派的传世秘诀。如“峨眉十二庄”中“拿云庄、旋风庄合诀”中的“粑粘联钩搭，套托随绷挤”八种技击诀法，“粑粘”是听劲分经的基础，“钩搭”是分筋错骨擒拿手法的运用，“套托”是得势进身的前提，“绷挤”是借力发劲、将对方发放出去等手段，是峨眉武术中重要的技击指导原则。

另外，历史上南北文化在巴蜀地区的融合，对峨眉武术所带来的影响应引起学术界的重视。公元前329年，秦王（惠文）派大将司马错率军伐巴灭蜀，废除奴隶制，改巴蜀二国为巴郡和蜀郡，实施了多次“移秦民万家实之”，楚越文化、中原文化随之袭来，与巴蜀文化形成了历史上第一次大融合。221年，刘备在成都建立蜀汉政权，中原文化不可避免再次影响巴蜀地区。两次南北文化的碰撞，促进了巴蜀地区的文化多元性，其产生的作用不可小觑。

总之，“峨眉十二庄”的横空出世，在理论上巩固了峨眉武术的历史地位，是峨眉武术走向成熟的标志。

五、峨眉武术盛世在明清

明末清初是峨眉武术的成熟发展期。峨眉武术在形成过程中，经历了南北文化融合的洗礼，受到唐武则天武举制、元选仕制、明清武举制、历代打擂比武制和民间武术门派的影响，吸收了夏商时期彭祖的“养生长寿功”、商周年代的“巴渝午”，宋代大文豪苏轼的气功著述《苏沈良方》之精髓；历经了北宋青城山茶农王小波、李顺建立大蜀农民政权，元代明玉珍在四川建立大夏政权的战争洗礼；见证了张献忠（1606—1646）在成都建立大西政权，清代白莲教义军入川等等。

明代开国皇帝朱元璋信仰佛教，崇拜普贤菩萨，积极支持峨眉山的佛教发展，曾亲题诗句赐予峨眉山高僧宝昙，蜀献王朱椿也效其父题诗赠峨眉山广济和尚。帝王的赏赐极大地提高了峨眉山佛教地位和声誉，山中大兴土木，百业兴盛。佛教的兴旺为峨眉武术发展带来了新的契机，不断发扬光大。使根植于普贤道场的峨眉武术成为流传最广、影响巨大的地域性大拳种，也成为鼎立中华的三大武术流派之一。

这一时期，峨眉武术注重强调“功”与“技”，“内”与“外”的结合，所谓“打拳不练功，到老一场空”，“练功不练拳，登峰难上难”，“打拳不装桶子，（内功）必定是个空子（门外汉）”。如明代著名爱国将领右佥都御史唐顺之，在观峨眉道人练拳后印象深刻，于是写下了著名的《峨眉道人拳歌》（见《荆川先生文集》卷二），该歌形象地描述了峨眉道人精湛的拳武：其硬功一顿足则“崖石迸裂惊沙走”；其武技“拙里藏机人莫究”；其盘功柔术“百折连腰尽无骨”；其灵活“一撒通身皆是手”；其内功修为“余奇未竞已收场，鼻息无声神气守”，从起势到收势，变化莫测。把峨眉武术注重庄技一体和内修外练、后发先至的技巧表现得淋漓尽致。《峨眉道人拳歌》虽寥寥30句，却是现今古代颂扬峨眉派武术唯一而完整的诗篇。

据《粤海武林春秋》载：“明末峨眉山金钩禅师李胡子，性情豪爽，精善拳法，创大小罗汉拳、虎鹤双斗拳以及单刀和左把棍，云游各地传徒授艺，后到广东传徒王隐林，王再传于民间。后人因其拳艺勇猛刚健，大庄长手，击法清脆，开合显明，步高势烈，朴实力沉，风格豪放，取名‘侠拳’。”

明代大型兵书《武备志》载：“程真如，字冲斗，四川新都县人，曾在峨眉山普恩禅师门下学得峨眉枪法。”《清人述异》曰：“明遗民陆浮庭先生精通武艺，其所擅长梅花枪法为蜀中峨眉高僧所传。”清初技击家吴殳所著《手臂录》有：“西蜀峨眉山普恩禅师，祖家白眉，遇异人授以枪法，枪法中包括治心，……攻守，审势……破诸器……”等篇。

总之，到了明末清初，峨眉派拳术和气功有了很大的发展。除此之外，峨眉派武术的刀、枪、剑、戟等十八般兵器和技法，达到了炉火纯青的地步，到峨眉山拜师学武者接踵而来，自立门户的不在其数。晚清湛然法师所著的《拳乘》(残本)开篇有“一树开五花，五花八叶扶，皎皎峨眉月，风义满江湖”的记述。所谓“一树”就指峨眉山；“五花”指的是灌县的青城、丰都县的青牛、通江县的铁佛，以及开县的黄陵和涪陵县的点易等五个袍哥的堂口；“八叶”是指“四川武术”当时影响面最广，传人最多的“僧、岳、赵、杜、洪、会、字、化”八大武术门派。当时，除这八大门派之外，还有不少其他门派和自己的掌门人，有的甚至流传到海外，均以峨眉派武术自居。如明嘉靖年间由峨眉山碧云、静云两位法师传授下来的“八盘掌”，后经河北文安县董海川在清嘉庆末年来川苦心习练，又取游历江南时所学的拳术精华，历经8年创编成了“八卦掌”，早在国内外流传。相传峨眉山万年寺一道长，在深山观察群猴互斗及蛇兽相搏之态，把猴的机灵和蛇的柔猛融入拳中，创编出“火龙滚”“四平拳”等拳术，因万年寺楹联中的“黄林”二字，遂取名为“黄林派”。清末仙峰寺太空法师、神灯长老和九老洞清虚道人，共同创编了一种吸内外家之长的拳术，因太空法师常在子午二时禅修，故称“子午门”。“侠家拳”是侠客李胡子从峨眉山学去的，“白眉拳”是峨眉山白眉道人所创，此二拳现流传于广东、香港、澳门等地。此外，不少从全国各地流入巴蜀的拳派，在与峨眉武术多年的切磋中逐渐被同化，慢慢也演变成为峨眉派拳系中的一员，极大地丰富了峨眉武术的武学内涵。

目前，有的武术学者甚至提出正宗峨眉派武术发源地为川西一带的黄林门、峨眉山本土拳种和内江资中的盘破门，虽仅一家之言，但这些观点充分表达了对峨眉武术的关心和重视。

六、峨眉武术弘扬于当代

关于峨眉派武术的史料，略显零星而分散，很难搜集如愿。由于三大派武术发展都与佛道有着密切关联，使之又增添了不少新的内涵。清末以后，由于洋枪洋炮的输入，武术的御敌功能不再具有广泛意义，三大派武术渐渐式微，但仍有许多民间武林人士为了强身健体而习武，峨眉山就有不少僧人坚持下来。有些明清时期创编的拳术或其套路，往往托名于唐宋或更早的武林高手，有的已无据考证，所以变得更加扑溯迷离。不过，从以上收集到的有限资料中，我们已经感受到博大精深的峨眉派武术是经过一代又一代武林人士的发扬，以及道家和佛门的光大，才使其枝繁叶茂、源远流长。

1983年，四川省体育运动委员会为抢救、挖掘和弘扬峨眉派武术，征集到许多武术史料，采访了巴蜀境内数千名60岁以上的老拳师，对他们的技法进行录像，收集到了68个门派1368种徒手、器械、对练套路、练功方法和技击项目，比同期收集到的少林派武术250多种更为丰富。当代峨眉派著名武僧海灯(1902—1989)法师、峨眉山万年寺通永长老等曾设馆招徒授艺，培养了不少武林弟子。

欣逢盛世，正本清源。2010年4月26日，“峨眉武术联合总会”成立大会在四川峨眉山大佛禅院隆重举行。依托天下峨眉，把大佛禅院作为传承、弘扬、发展峨眉派武术的基地，建立峨眉武术宗祠，兴办武术学校，为天下峨眉武术爱好者建立一个研究、习练峨眉武术的平台，认祖归宗的福地。

从以上峨眉武术发展史(简介)中不难看出，峨眉武术是一种起源较早，体系完整，内容丰富的地域性武术大派系，蕴藏着极其深厚的文化底蕴，凝聚了数千年来巴蜀各民族的智慧，整合了佛门道家的武艺精髓，希望广大武术爱好者在习练峨眉武术中获得养生之功，享受健康快乐的生活。

第二节　峨眉武术的特点

无欲则刚少林宗，专致气柔武当功。三足鼎立平秋色，庄寓刚柔峨眉风。

在风格特点上：

少林武术主要以朴实无华、内静外猛、勇猛强悍著称。以先下手为强、先发制人、不给敌人喘息机会而形成一种技击性强、利于实战的风格。以拳打一条线、威发卧牛地、声如雷、势如火、动如闪电，打人不见形、打了还嫌迟、拳打一气连等特点，而独创一家，在国内外均享有盛名。

武当拳以内养行气、外柔而内刚、制敌自卫为目的，其技击原则是舍己从人、后发制人，以静制动，以逸待劳，乘势借力，要求斗智不斗力，尚意不尚力。在对敌时，要求化去对方的劲力，而不宜以硬对硬(贵化不贵抗)；步走弧形(圈步)，进以侧门(从敌方身侧抢进)；动如蛇之行，劲似蚕作茧，心息相依，闪展巧取。

峨眉武术显著的特点是：内修外练、刚柔并济、庄技一体、形神和一。出手指掌当先，身法柔灵步为先，五峰六肘活为先。技击上讲究擒拿封闭，背锁刁揉，钩弹针踢，吞吐浮沉，后发先至；实战中要求粑粘联钩搭、套托随绷挤。在承传彭祖养生精要，博采金顶白云禅师的峨眉十二庄精髓，道教“山中宰相”范长生，“近代寿仙”李真果的长生久视之术后所形成的“使人在享受健康生活带来乐趣的同时获得长寿的峨眉养生之术”更是令人叹为观止。

第三节 峨眉武术的基本技法要求

一、对人体静型技法的要求

1.正确运用各个击打部位

不论是打法中的拳、掌、勾、凤眼锤，还是踢法中的前脚掌、脚外侧缘、脚后跟，拿法中的卷、切、扣、托，击打面的正确运用都至关重要，拳握法不好，在激烈的对抗中极易将腕部扭伤。在同等的攻击力度中，戳掌和凤眼锤无疑具有更强的杀伤力，那是因为接触面的减小增大了攻击压强所致。前点腿若用脚尖而不是用脚前掌，极易造成脚趾挫伤，勾踢腿若未勾紧踝关节，错用脚背为击打面，90%会使脚背痈肿。所以必须正确理解人体静型中的各个基本击打部位。

2.了解各个基础动作的利弊

如弓步前后稳定角大而左右侧稳定角小，弓步冲拳能获得较大冲量但灵活应变性较弱。搏击式能有效地防护自身的弱点，但预兆太强，远不如侧身胆怯式容易麻痹歹徒。可以说每一个基本技法都有它自己的正反两个方面，只有充分地认识各基本动作的利弊，方能在实战中以己之长，攻敌之弊。

3.脚步稳健

脚步要稳健而有力，以便于腿的蹬地、转动、移动。要经常体验弓步、马步、虚步等步型的稳健度、力量感，也要体验上步、退步等步法移动中的灵活度。

4.臂顺拳实

手臂要随顺身体运动，到达力点时，力量得到充分的传递，着力点要实在。

二、对人体动态技法的要求

1.动作流畅

运动过程中身体要流畅，动作贯串一气。根据各个动作实用方法的技术要求，检验腰腿、肩臂的运动是否能够让动作从起点顺利到达终点。

2.身法圆活

在动态过程中，身法要圆转而灵活。击打动作以腰轴转动，胯部、肩部充分伸展；擒拿动作要有身体收、裹、沉、压等配合；摔跌动作躯干要充分伸展，学会“变脸长身”的动作，即头向侧后看，使身体拉长。

3.步法灵敏

脚步要灵活敏捷、进退自如。在步法的移动中，脚步要准确到位，落步要沉实，以便于身体的发力；动作发动时，要发挥腿部的推动作用，以保证身体的灵活与健动。

4.手法迅捷

手臂要迅速而快捷。在腰腿发动后，手臂顺势推进，迅速到达攻击目标。在击打时，手臂要迅速伸展；在练峨眉串子手擒拿术时，手臂要顺势缠压；摔跌时，手臂要合力拧翻。

5.运用整劲

“手不沾身休用力，用力犹如推山刚”，无谓的紧张会耗费自己的体力，更将自己的意图过早地暴露给对方，没接手时一定要镇定自若，放松机体，一旦抓住机会，则要全身力量合一，将脚蹬地的反作用力，转髋顺臂的合力，通过最小的击打面作用到对手身上，运用整劲，摧枯拉朽。

三、对整体运动技法的要求

1.劲力透达

劲力要从腰腿发出，经过肩臂，顺畅地到达打击点。打击动作要力点清晰而有穿透力；擒拿的抓握要灵活而结实，缠压要将沉转的力量集中到一点；摔跌的旋转要力向一致。

2.呼吸顺畅

呼吸要平静、顺畅，尤其不能急促。动作要不急不躁，呼吸才能自如。正常练习时呼吸要自然，根据技法的运用调适气息。发力时要学会运用“擤气”即快速地收缩腹腔，令胸腹部肌肉紧张，将废气逼出来，利用大气压与胸腹腔的正负压差，保证机体的氧变换。

3.节奏分明

动作的节奏要体现技法的运用，清楚分明。击打动作要迅捷，拨挡动作要轻快，缠压动作要绵柔，摔跌动作要含蓄。这种节奏感与呼吸配合协调后，可以使身体稳健、劲力充沛。

4.意识专注

意识要专注在技法的运用上。初学时，要多体会方法的正确、身体的顺畅、劲力的透达。动作熟练后，要多体会攻防技巧与动作细节，完善技术。

四、对攻防技法的要求

1.距离适中

对打套路练习时，双方的距离要合适，动作才能有舒适感，过远、过近都会动作别扭。脚步的站位也很重要，它反映了攻防关系是否合理，自己的动作是否顺畅。防身运用时，站位也关系到攻击的主动权。这些要在对打套路练习与拆招练习时仔细体会。

2.动作有度

根据攻防的要求，掌握动作的幅度。每个招式都由攻、防两部分组成，动作的幅度关系到攻防的合理程度。过于开展，暴露的空当多，而且力量松散；过于紧凑，则身体僵硬，进攻无力。

3. 技法合理

攻防的方法与部位要合乎理法的要求，做到恰到好处。打击点要准确，破解的方法要合理，不能因为是对打套路而不真实。要真打、真破，当然，要循序渐进。要仔细研究各种技巧，每个动作当成拆招练习，并贯彻到对打套路之中。

4. 劲力准确

不同的攻击方法，所用的劲力不一样，要准确到位，否则，动作就会大打折扣，甚至失去效果。要仔细研究打击与格挡、擒拿与顺化、摔跌与破解等技法中的用力程度，形成用力的感觉，才能真正地理解技法、掌握技法、活用技法。

第四节　武 德 要 求

崇德尚武，发扬民族精神，是今天我们所提倡武德的基本原则。崇德是尚武的前提，尚武是崇德的反映，通过崇德尚武，最终要发扬“自强不息”“厚德载物”的民族精神，为社会做出贡献！在具体的教学中要始终贯彻以下几点。

一、尊师重道、孝敬父母

在整个段位制教学的过程中，要积极推行武德教育，要教育学员，从小养成尊敬师长、孝敬父母的好习俗，没有生养自己的父母，哪来的自己？没有传道解惑的师长，自己的各种本领从何得来？更不可能有辉煌的明天！一个不懂得尊重传道给自己的人，不懂得感恩父母的人，更不可能以真诚的心态去对待朋友，一个没有真正朋友的人，永远不会有大的发展。

二、在实践中培养学生的武德

各级教练在日常的段位制工作中，可以采用灵活多样的教育方法和手段潜移默化地对学生进行武德教育。首先，使学生了解师生见面礼仪、峨眉拳礼、递接礼的内涵与意义，并要求学生在遇到老师的时候，应该主动向老师问好，并行峨眉拳礼或鞠躬礼，并对相应的礼仪进行规范和训练，使之养成良好的礼仪习惯。如每次课中，师生问好要行峨眉拳礼，在传递物品时，要行递接礼，培养学生以礼待人、尊师重道的思想品德。其次，在生活中，倡导互帮互助，帮助和关心贫困同学、学习后进生和临时有困难的学生，形成“一帮一”“结对子”等互助形式，践行符合现代社会的“侠义精神”。让学生互相帮助，互相指导，培养学生互帮互助的思想品质。

三、武德的主要内容

武德是习武者的道德规范和道德品质。它包含着以下10个方面的主要内容。

(1)武德高——爱国爱民,品德高尚。为武之道,以德为本。习武首先要重视武德的学习,要有好的思想品质,这是提高武技的前提。

(2)武旨正——强身健体,卫国防身。学习武术的宗旨要正确,练武是为了强健身体,掌握武技为人民服务,保卫国家和人民安全,绝非恃艺为非作歹,损害群众利益。

(3)武纪严——不斗凶狠,遵规守纪。有了一定的武术技能,不能逞凶斗狠,无事生非,应该遵守各项法规制度,做遵纪守法的模范,并能够主动同坏人坏事做斗争。

(4)武风良——尊师爱生,互研拳学。在武林同人中,要形成一种老师爱护学生,学生尊敬老师,互相尊重,共同研习武术的良好风气,为武术的发展贡献出一分力量。

(5)武礼谦——抱拳行礼,谦和礼貌。无论习武者之间,还是与其他人之间,都应该以礼相待,有礼有节,平易近人,谦虚诚恳,不能出口不逊,得意忘形,败坏武德。

(6)武志坚——意志坚强,百折不挠。武术,是一项内容繁多、技术性较高的运动项目,学习起来有一定难度,这就要求习武者有坚强的意志,不怕困难,立志为武术事业献身。

(7)武学勤——拳不离手,勤学苦练。要学习好武术,就应该拳不离手,坚持不懈地朝演夕练,勤学苦练。历史上武术有所成就的人,都是勤学的结果,只有这样才能学习好武术。

(8)武技精——钻研武技,精益求精。“艺无止境”,武术博大精深,内涵丰富,非一朝一夕所能穷尽,必须刻苦钻研,不断进取,精益求精,才能使武艺精湛。

(9)武仪端——举止庄重,容端体正。习武者应该仪表端正,举止文雅,表现出气宇轩昂的精神风貌,不能衣装不整,体态不端。

(10)武境美——环境优美,井然有序。练习武术,要主动保持练习场地、生活环境的卫生,特别是训练场地、衣物、器件等要摆放整齐,爱护公物,让习武环境、生活环境优美整洁。

第二章　段前级技术

第一节　段前一级

扫码观看演示视频

一、静型

1. 掌

拇指扣，其余四指闭拢，立掌。（图 2-1-1、图 2-1-2）

图 2-1-1

图 2-1-2

2. 峨眉凤眼拳

食指掌指关节绷直，二、三指节扣紧，拇指紧按于食指中节，其余三指卷紧，以食指节突出部为攻击力点。（图 2-1-3）

3. 砍掌

手掌平摊，拇指扣其余四指并拢，以掌外侧缘为击打面。（图 2-1-4）

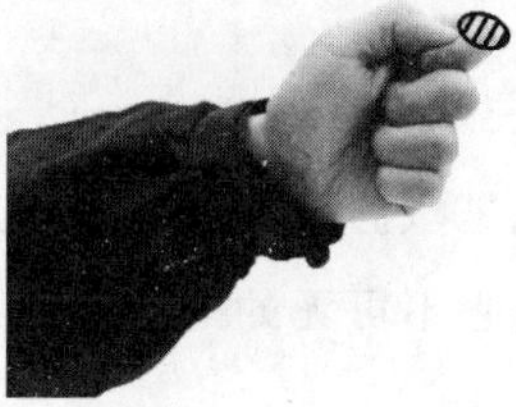

图 2-1-3

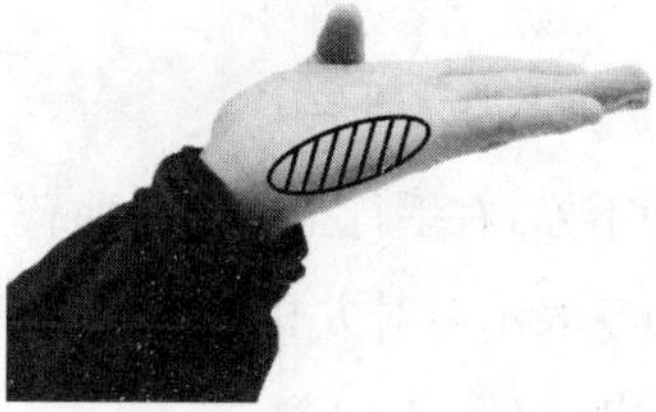

图 2-1-4

4.横裆步推掌

前腿弓、膝尖对脚尖，膝面平，脚尖斜前 45°。后腿绷直，脚尖向前，立腕前推掌，与双脚呈三角形，目视正前方。（图 2-1-5）

5.弓步冲拳

右腿弓、膝尖对脚尖，膝面平，脚尖斜前 45°。左腿绷直，以脚外侧吃地，身体向右前方扭转，鼻尖对右脚尖，左拳握峨眉凤眼拳直臂向右前方冲拳，目视右前方。（图 2-1-6）

图 2-1-5

图 2-1-6

二、段前一级套路

1.行峨眉拳礼（注：右手右脚运动路线为实线，左手左脚运动路线为虚线表示）

身体成立正姿式站立，右手从体侧弧形向上直至头顶，左手握拳藏于腰后。（图 2-1-7、图 2-1-8）

图 2-1-7

图 2-1-8

上动不停，右手行至头顶后曲臂立掌下落至胸前。这就是峨眉武术特定的峨眉拳礼，前面的须眉掌表示对对方礼敬三分，藏于腰后的拳表示防人之心不可无的戒备，是一种先礼而后兵的态势。（图 2-1-9）

2. 右横裆步左推掌

右脚向右侧横开一大步成右横裆步，右手收回腰间，身体向右拧转，左掌借身体拧转之势向正前方推击而出。（图 2-1-10）

图 2-1-9

图 2-1-10

3. 左横裆步右推掌

重心左移成左横裆步，左手同时收回腰间，身体向左拧转，右掌借身体拧转之势向正前方推击而出。（图 2-1-11）

4. 右弓步冲拳

重心下降，身体向右拧转，右手曲臂置于胸前，目视右前方，右手由曲到伸向右前搂手，重心向右腿转移成右弓步，右手继续搂手至右腰侧，左手握凤眼拳借左脚蹬碾地面和身体右转之势向右前方猛地冲出，力达左食指前端，目视右前方。（图 2-1-12～图 2-1-14）

图 2-1-11

图 2-1-12

图 2-1-13

图 2-1-14

5. 左弓步冲拳

重心下降，身体向左拧转，左手曲臂立掌置于胸前，目视左前方，左手由曲到伸向左前搂手，重心向左腿转移成左弓步，左手继续搂手至左腰侧，右手握凤眼拳借右脚蹬碾地面和身体左转之势向左前方猛地冲出，力达右食指前端，目视左前方。（图 2-1-15～图 2-1-17）

6. 右横裆步左砍掌

重心向右移成右横裆步，右手内旋上架于右耳侧，身体向右拧转，左掌借身体拧转之势向正前方砍击而出。（图 2-1-18）

图 2-1-15

图 2-1-16

图 2-1-17

图 2-1-18

7. 左横裆步右砍掌

重心向左移成左横裆步，左手内旋上架于左耳侧，身体向左拧转，右掌借身体拧转之势向正前方砍击而出。（图 2-1-19）

8. 右弓步冲拳

重心下降，身体向右拧转，右手曲臂置于胸前，左手收于腰侧目视右前方，右手由曲到伸向右前搂手，重心向右腿转移成右弓步，右手继续搂手至右腰侧，左手握凤眼拳借左脚蹬碾地面和身体右转之势向右前方猛地冲出，力达左食指前端，目视右前方。（图 2-1-20～图 2-1-22）

图 2-1-19

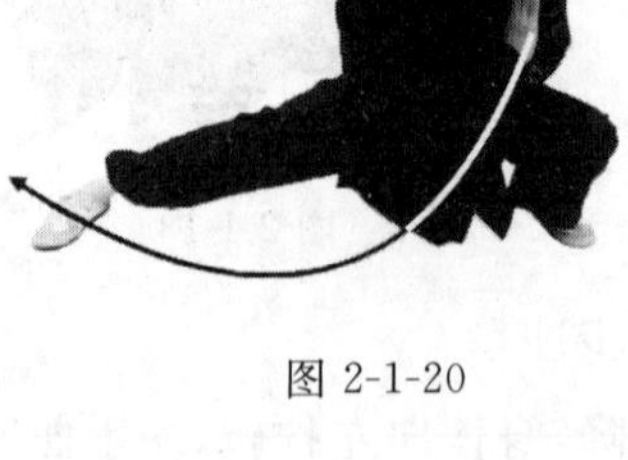

图 2-1-20

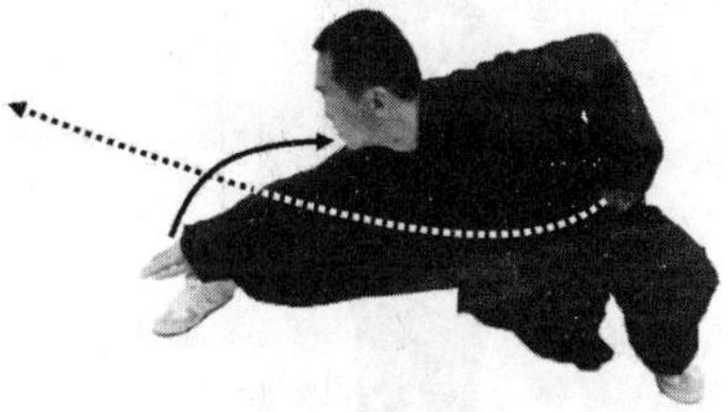

图 2-1-21

图 2-1-22

9. 左弓步冲拳

重心下降，身体向左拧转，左手曲臂立掌置于胸前，目视左前方，左手由曲到伸向左前搂手，重心向左腿转移成左弓步，左手继续搂手至左腰侧，右手握风眼拳借右脚蹬碾地面和身体左转之势向左前方猛地冲出，力达右食指前端，目视左前方。（图 2-1-23～图 2-1-25）

10. 峨眉拳礼收式

右风眼拳变掌，掌心向上带动手臂向右转，重心随之移到右腿成右弓步，目随手行。上动不停右手继续直臂上行至头顶，右脚同时向左脚靠拢并步，手臂弯曲下降，立腕竖掌收于胸前成峨眉拳礼式，收式。（图 2-1-26～图 2-1-28）

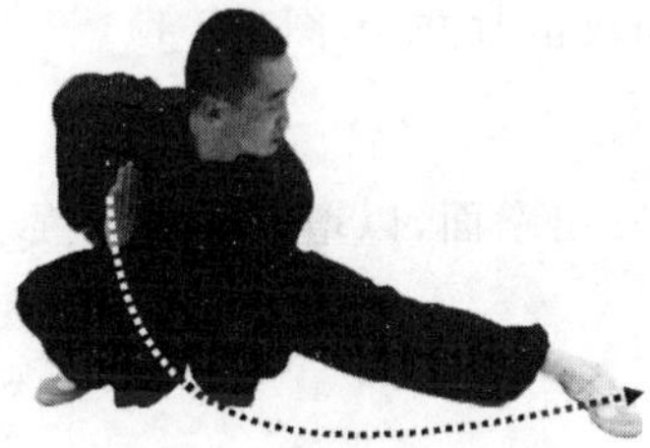

图 2-1-23

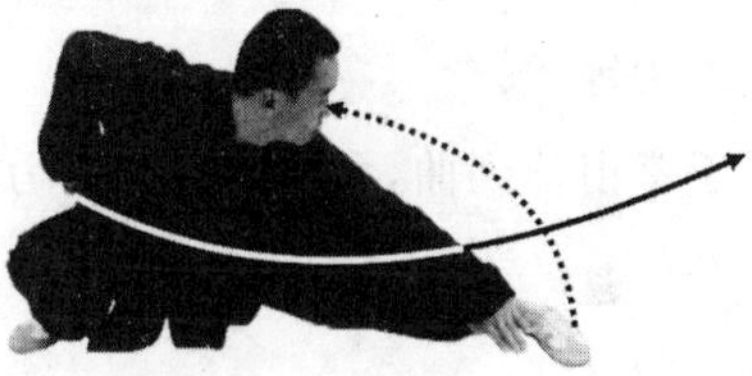

图 2-1-24

图 2-1-25

图 2-1-26

图 2-1-27

图 2-1-28

第二节　段前二级

扫码观看演示视频

一、静型

1.斜砍掌

斜仰掌，轻扣拇指，其余掌指微裹，以掌根为击打面攻击对方。（图 2-2-1）

2.尖锤

手掌由伸到曲，食指与四指用力紧裹，使中指指节突出拳面，以增大攻击压强。（图 2-2-2）

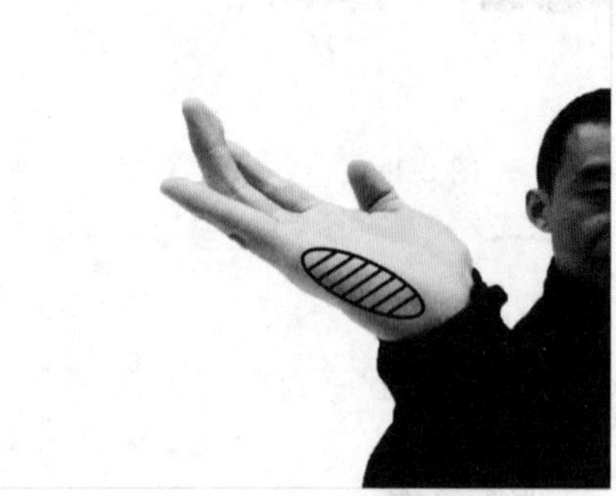

图 2-2-1

图 2-2-2

3.马步要领

由立正姿式开始，双脚尖尽量外撇，再以双脚脚尖为轴，两脚后跟尽量外撇，再以两脚后跟为轴，两脚尖尽量外撇，再以双脚脚尖为轴，两脚后跟尽量外撇并重心下坐成马步，此时应身体坐直，挺胸竖项敛臀，下颌微收，双脚脚尖内扣，双膝外分，膝面要平，双手可叉腰，目视前方。（图 2-2-3～图 2-2-7）

4.金鸡独立要领

单脚支撑，另一脚提离地面，支撑腿必须要伸直，不能晃动，提膝腿脚尖要绷紧略扣，膝关节尽量贴胸，顶头竖项，目视正前方。(图 2-2-8)

图 2-2-3

图 2-2-4

图 2-2-5

图 2-2-6

图 2-2-7

图 2-2-8

二、段前二级套路

1.行峨眉拳礼

身体成立正姿势站立，右手从体侧弧形向上直至头顶，左手握拳藏于腰后。右手立掌下落于胸前。(图 2-2-9～图 2-2-11)

图 2-2-9

图 2-2-10

2. 马步左右冲拳

左脚向左横跨一步成马步，右手微向左摆，再向右搂手后收于腰侧，左手握尖拳同时内旋向前击出。左拳外旋收回腰间，右手握尖拳同时内旋向前击出。（图 2-2-12～图 2-2-14）

图 2-2-11

图 2-2-12

图 2-2-13

图 2-2-14

3. 提膝左斜砍掌

重心左移提右膝，右手收回腰间，左砍掌同时向前斜砍而出。（图 2-2-15）

4. 提膝右斜砍掌

落右脚提左膝，左手收回腰间，右砍掌同时向前斜砍而出。（图 2-2-16）

图 2-2-15

图 2-2-16

8. 行峨眉拳礼收式

左脚横落成马步，右手收于左肩前，右掌先放下再向上弧形上举，重心随之移到右腿，提左脚向右脚靠拢并步，目随手行。上动不停右手继续直臂上行至头顶，再手臂弯曲下降，立腕竖掌收于胸前成峨眉拳礼式，收式。手臂放下成立正姿势。（图 2-2-17～图 2-2-20）

图 2-2-17

图 2-2-18

图 2-2-19

图 2-2-20

第三节　段前三级

扫码观看演示视频

一、静型

1. 虚步

前(左)脚由立正姿势向前虚点地面，重心下坐至后腿膝面平，双膝微内含，身体坐正，前手微曲立掌，后手斜竖掌护于前臂内侧，目视正前方，注意：身体不可前俯、撅臀。(图 2-3-1)

2. 仆步

左脚向左横开一大步，重心下降先成横裆步，再身体向左前俯，左手掌心向下直臂按于左脚处，右臂内旋后伸，目视左前方。(图 2-3-2)

图 2-3-1

图 2-3-2

二、段前三级套路

1. 行峨眉拳礼

身体成立正姿势站立，右手从体侧弧形向上直至头顶，左手握拳藏于腰后。上动不停，右手立掌下落于胸前。(图 2-3-3～图 2-3-5)

图 2-3-3

图 2-3-4

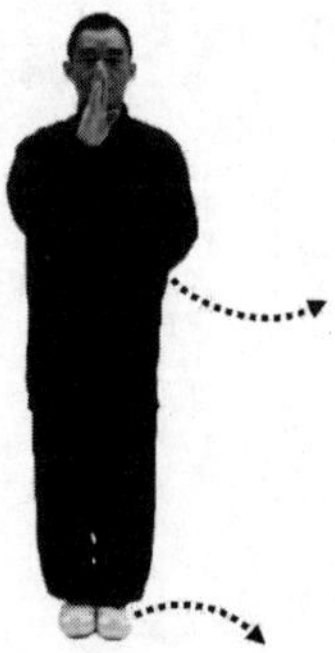

图 2-3-5

2. 左虚步按掌

左脚向左开一步，左手向左侧摆，左脚向右并步，双手同时向右腿侧直臂下摆，右脚向右横开一步，双手继续向右侧上方摆动，双手摆过头顶后坐腕立掌下按，重心同时下坐成左虚步按掌。（图 2-3-6～图 2-3-9）

图 2-3-6

图 2-3-7

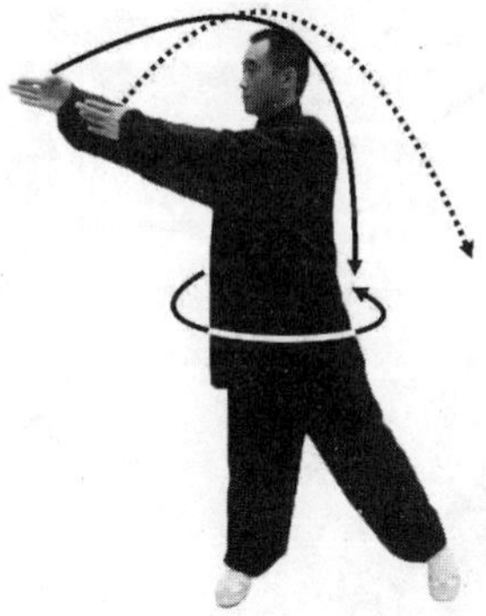

图 2-3-8

图 2-3-9

3. 右虚步按掌

重心左前移成左弓步，右脚向左并步，双手同时向右侧上方直臂上摆，左脚向左横开一步，双手继续向右侧下方摆动，双手摆过头顶后坐腕立掌下按，重心同时下坐成右虚步按掌。（图 2-3-10～图 2-3-13）

图 2-3-10

图 2-3-11

图 2-3-12

图 2-3-13

4.左翻身抡劈掌

重心前移并起立,左手同时右前伸,以腰带臂使左手向左后抡臂一周,右臂借左抡之势向右前直臂劈打,重心同时下降成右跪步。(图 2-3-14～图 2-3-16)

图 2-3-14

图 2-3-15

图 2-3-16

5.右翻身抡劈掌

重心起立,以腰带臂使右手向右后抡臂一周,左臂借右抡之势向左前直臂劈打,重心随

抡劈同时下降成左跪步。(图 2-3-17～图 2-3-19)

图 2-3-17

图 2-3-18

图 2-3-19

6.左仆步翻身抡劈掌

重心前移退左腿成右弓步,左手同时右前伸,以腰带臂使左手向右后抡臂一周,右臂借左抡之势向右前直臂劈打。(图 2-3-20～图 2-3-22)

图 2-3-20

图 2-3-21

图 2-3-22

上动不停，双手继续抡臂舞花一周后左手随重心下降成左仆步下拍左脚前方地面，右手内旋后伸，目视左前方。（图 2-3-23）

7. 右仆步翻身抡劈掌

重心前移成左弓步，左手同时前伸，以腰带臂使右手向左前抡臂一周，左臂借右抡之势随同舞花。（图 2-3-24～图 2-3-26）

图 2-3-23

图 2-3-24

图 2-3-25

图 2-3-26

上动不停，双手继续抡臂舞花一周后右手随重心下降成右仆步下拍右脚前方地面，左手内旋后伸，目视右前方。（图 2-3-27、图 2-3-28）

图 2-3-27

图 2-3-28

8. 左虚步按掌

以上动作完成后可又从左虚步按掌开始，反复练习。起重心左脚向右并步，双手同时向右侧直臂摆动，右脚向右横开一步，双手继续向右侧上方摆动，双手摆过头顶后坐腕立掌下按，重心同时下坐成左虚步按掌。（图 2-3-29～图 2-3-32）

图 2-3-29

图 2-3-30

图 2-3-31

图 2-3-32

该动作完成后又接右虚步按掌、左翻身抡劈掌、右翻身抡劈掌。直至精熟，当最后一个仆步翻身抡劈掌完成后即可收式。

9. 峨眉拳礼收式

从最后一个仆步翻身抡劈掌，重心右前移，身体起立，右手向右侧上方举起，左手握拳置于腰后，左脚向右脚靠拢成立正姿式，右手于头前上方曲臂下落，于胸前立腕竖掌行峨眉拳礼。（图 2-3-33～图 2-3-35）

图 2

3-34

图 2-3-35

第四节　段前四级套路

扫码观看演示视频

俗话说："练拳不练功，到老一场空。""打拳不装桶子，必定是个空子"。为了让大家真正理解峨眉武术庄技一体、形神合一的意义，我们从段前四级到六级将为大家介绍三种简单实用、效果很好的练功方法。这几种方法既能帮助大家掌握峨眉武术的基本动作，又能提高学者的功力，激发学者的身理潜能，增强免疫能力。

1. 行峨眉拳礼

身体由立正姿式站立开始，右手从体侧弧形向上直至头顶后下落于胸前，左手握拳藏于腰后。目视正前方。（图 2-4-1）

2. 右插掌"嘘"气

两手握拳抱于腰间，用鼻慢慢吸气直至胸腔玉堂穴感觉装满，然后身体向左微转，右掌掌心向上由腰间慢慢向左前插伸，同时瞪目嘴角外绷发"嘘"音，直至将气吐完。（图 2-4-2、图 2-4-3）

图 2-4-1

图 2-4-2

图 2-4-3

3. 云掌"嘶"吸气

以腰带臂向右慢慢平云掌，同时使气息由牙齿缝中吸入，令其发出"嘶"的声音，行至右侧时翻掌心向上架于头顶，继续吸气至满玉堂穴。（图 2-4-4、图 2-4-5）

图 2-4-4

图 2-4-5

4. 俯腰发“嘿”音

摒住呼吸身体向左扭转 90°，慢慢向下俯腰并同时发“嘿”音，直至右手掌触摸到左脚侧的地面方将气吐完。（图 2-4-6、图 2-4-7）

图 2-4-6

图 2-4-7

5. 握固“嘶”吸起身

掌心擦着地面绕脚尖弧行半圈至右脚侧面，翻掌心向上，再将拇指握于手心，其余四指从食指起逐一握住拇指。（图 2-4-8、图 2-4-9）

图 2-4-8

图 2-4-9

将右拳收抱于腰间，然后引颈前伸吸气，令气息通过牙缝发出“嘶”音，意想气息经头顶百会穴向后至大锥后分为两路，沿膀胱经在尾履处会合，再经会阴吸满丹田，再沉肩叠胛起丹田，使髋关节上翻，将气息托住。（图 2-4-10～图 2-4-12）

图 2-4-10

图 2-4-11

6. 左插掌“嘘”气

身体向右微转，左掌掌心向上由腰间慢慢向右前插伸，同时瞪目嘴角外绷发“嘘”音，直至将气吐完。（图 2-4-13）

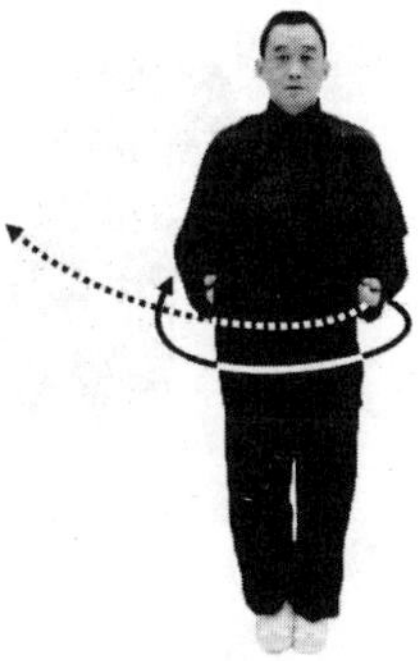

图 2-4-12

图 2-4-13

7. 云掌“嘶”吸气

以腰带臂向左慢慢平云掌，同时将气息由牙齿缝中吸入，令其发出“嘶”的声音，行至左侧时翻掌心向上架于头顶，继续吸气至满玉堂穴。（图 2-4-14、图 2-4-15）

图 2-4-14

图 2-4-15

8. 俯腰发“嘿”音

摒住呼吸身体向右扭转 90°，慢慢向下俯腰并同时发“嘿”音，直至右手掌触摸到右脚侧的地面方将气吐完。（图 2-4-16、图 2-4-17）

图 2-4-16

图 2-4-17

9. 握固“嘶”吸起身

掌心擦着地面绕脚尖弧行半圈至左脚侧面，翻掌心向上，再将拇指握于手心，其余四指从食指起逐一握住拇指。（图 2-4-18、图 2-4-19）

图 2-4-18

图 2-4-19

将左拳收抱于腰间，然后引颈前伸吸气，令气息通过牙缝发出“嘶”音，意想气息经头顶百会穴向后至大锥后分为两路，沿膀胱经在尾履处会合，再经会阴吸满丹田，再沉肩叠胛起丹田，使髋关节上翻，将气息托住。（图 2-4-20～图 2-4-22）

图 2-4-20

图 2-4-21

图 2-4-22

以上动作左右反复 3 遍然后收式。收式后应将双掌心对擦至发热，然后浴面；双手无名指沿鼻根上推，从印堂分开，向下，拇指按住下颔前擦，以此划圈，24 次；然后轻轻拍打周身一遍。

第五节　段前五级套路

扫码观看演示视频

1. 行峨眉拳礼

身体由立正姿式站立开始，右手从体侧弧形向上直至头顶后下落于胸前，左手握拳藏于腰后。目视正前方。（图 2-5-1）

2. 采地根之气

双手轻轻向下，掌心微凹置于两大腿根处，脚趾抓地涌泉穴空离地面，下颌微收舌顶上腭。

图 2-5-1

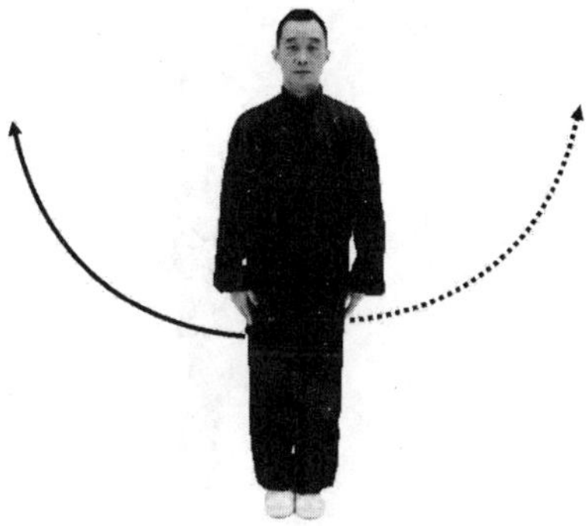

图 2-5-2

两掌心向下由体侧慢慢向上抬起，意想双掌心吸收大地之灵气。（图 2-5-3）

3. 跳换步吸气满玉堂

两手如按水面下行至大腿侧，使右脚轻离地面，感觉人往上浮使双脚跳换步，双手背在腹前相合，左脚尖向上翘起，脚后跟着地。双手沿腹中线上提，同时用鼻轻吸气至满玉堂（即胸腹腔充盈，但不可超过膻中）。（图 2-5-4～图 2-5-7）

图 2-5-3

图 2-5-4

图 2-5-5

图 2-5-6

图 2-5-7

4.弓步刺掌吐“嘿”音

左脚往前跨上一步,双手掌心向下随重心前移成弓步朝斜前方刺出,同时吐“嘿”音。(图 2-5-8～图 2-5-9)

图 2-5-8

图 2-5-9

5.闭息划掌握固

摒住呼吸,双掌直臂后划至身体后方,双臂内旋成掌心朝前,先将拇指扣握,再依次将食指、中指、无名指、小指握在拇指外面,这种握拳方法就叫握固。(图 2-5-10～图 2-5-12)

图 2-5-10

图 2-5-11

图 2-5-12

6.吸气逆行小周天

吸气,同时意想将大地之气由脚心涌泉处吸入,经腿内侧沿肾经而上至尾履,再循后背督脉而上过大椎达头顶百会穴,退左脚成立正姿式,意想气息经舌顶上颚所搭成的雀桥随咽津而下,沿胸腹中部的任脉而下,直至脐下的丹田。(图 2-5-13、图 2-5-14)

7.采地根之气

脚趾抓地涌泉穴空离地面,下颌微收舌顶上颚,目视正前方两掌心向下由体侧慢慢向上抬起,意想双掌心吸收大地之灵气。(图 2-5-15)

图 2-5-13

图 2-5-14

8. 跳换步吸气满玉堂

两手如按水面下行至大腿侧，使左脚轻离地面，感觉人往上浮使双脚跳换步，双手背在腹前相合，右脚尖向上翘起，脚后跟着地。双手沿腹中线上提，同时用鼻轻吸气至满玉堂。（图 2-5-16～图 2-5-20）

图 2-5-15

图 2-5-16

图 2-5-17

图 2-5-18

图 2-5-19

图 2-5-20

9.弓步刺掌吐“嘿”音

左脚向前跨上一步，双手掌心向下随重心前移成弓步朝斜前方刺出，同时吐“嘿”音。(图 2-5-21、图 2-5-22)

图 2-5-21

图 2-5-22

10.闭息划掌握固

摒住呼吸，双掌直臂后划至身体后方，双臂内旋成掌心朝前，先将拇指扣握，再依次将食指、中指、无名指、小指握在拇指外面。(图 2-5-23～图 2-5-25)

图 2-5-23

图 2-5-24

图 2-5-25

11. 吸气逆行小周天

吸气，同时意想将大地之气由脚心涌泉处吸入，经腿内侧沿肾经而上至尾履，再循后背督脉而上过大椎达头顶百会穴。在气行至大椎时埋头旋臂空腋助气息冲顶，当感觉气息到达百会后守住同时退右脚成立正姿式，意想气息经舌顶上颚所搭成的雀桥随咽津而下，沿胸腹中部的任脉而下，直至脐下的丹田。(图 2-5-26、图 2-5-27)

图 2-5-26

图 2-5-27

以上动作可反复练 3～5 遍后收功，收功后可做浴面、干梳头、周身轻拍等功后整理动作。

第六节　段前六级套路

扫码观看演示视频

1. 行峨眉拳礼

身体由立正姿式，右手从体侧弧形向上直至头顶后下落于胸前，左手握拳藏于腰后。目视正前方。(图 2-6-1、图 2-6-2)

图 2-6-1

图 2-6-2

2. 两手前起半阴阳

两手轻落于体侧，左脚向左开一步与肩同宽。双掌掌心相对由体前一边划指，一边上行，划指时由拇指领动开始转圈，其余四指随之一直划到头顶。（图 2-6-3～图 2-6-6）

图 2-6-3

图 2-6-4

图 2-6-5

图 2-6-6

3. 左右通肩

上动不停，两手在头顶继续划圈分开，至与肩平时向两侧左右通肩 3 次，然后保持侧平举的姿式。（图 2-6-7、图 2-6-8）

图 2-6-7

图 2-6-8

4. 左步立寒鸡

重心移至右脚，提起左脚，双手以小指领先划圈并向胸前合拢，左手微前伸右手护胸前，同时发“嘿”音定住。（图 2-6-9、图 2-6-10）

图 2-6-9

图 2-6-10

5. 左标手弹腿

左手外旋，右手内旋，吸气升起重心，右膝随吸气操抬起，双手同时翻掌心向下并曲肘后收。口中发“嘿”音并同时将身体弹开，左标手、弹腿迅捷地向前弹击。（图 2-6-11～图 2-6-13）

图 2-6-11

图 2-6-12

图 2-6-13

上动不停，一弹即收，身体再次向丹田收缩，再次发短“嘿”音将标手弹腿弹出。弹完后落地成寒鸡式。（图 2-6-14～图 2-6-16）

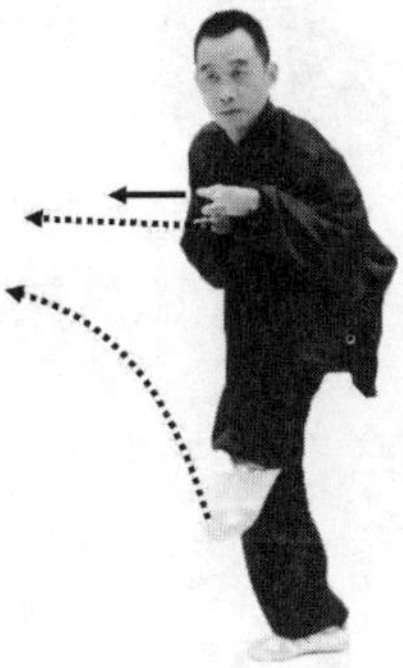

图 2-6-14

图 2-6-15

图 2-6-16

6. 右寒鸡式

收左脚，提右脚，双手打开，以小指领先划圈并向胸前合拢，右手微前伸左手护胸前，同时发“嘿”音定住成右寒鸡式。（图 2-6-17～图 2-6-18）

图 2-6-17

图 2-6-18

7. 右标手弹腿

右手外旋，左手内旋，吸气升起重心，右膝随吸气抬起，双手同时翻掌心向下并曲肘后收。口中发“嘿”音并同时将身体弹开，右标手、弹腿迅捷地向前弹击。（图 2-6-19～图 2-6-21）

图 2-6-19

图 2-6-20

图 2-6-21

一弹即收，身体再次向丹田收缩，再次发短“嘿”音将标手弹腿弹出。弹完后落地成寒鸡式。（图 2-6-22～图 2-6-24）

图 2-6-22

图 2-6-23

图 2-6-24

8. 收式

右脚收回与肩同宽向上升起重心，双手同时以拇指领先划圈上行，划圈至头顶后向两侧分开下落，收左脚向右脚并拢成立正姿式，目视前方收式。（图 2-6-25～图 2-6-27）

图 2-6-25

图 2-6-26

图 2-6-27

第七节　段前七级套路(三角步)

扫码观看演示视频

拳谚:“法门以步为先。”“短见长脚下忙。”历史上因川人较北方人矮小,故在实战中多讲究以步法来规避强者的攻势,以步法来接近对方的被动面而达到以小胜大、以弱胜强的目的。故本节中为大家介绍几种峨眉派实用步法。

1.行峨眉拳礼

身体由立正姿式站立开始,右手从体侧弧形向上直至头顶,左手握拳藏于腰后。(图 2-7-1)

2.舞花右虚步亮掌

左脚向左横开一步,右手放下,左手向左摆开,右手在上,左手在下于体前交叉,右手经左前向上再向右划弧,左手经右下方向左划弧,双手在体前划圆一周后成右手在上左手在下于身体左前交叉。(图 2-7-2～图 2-7-4)

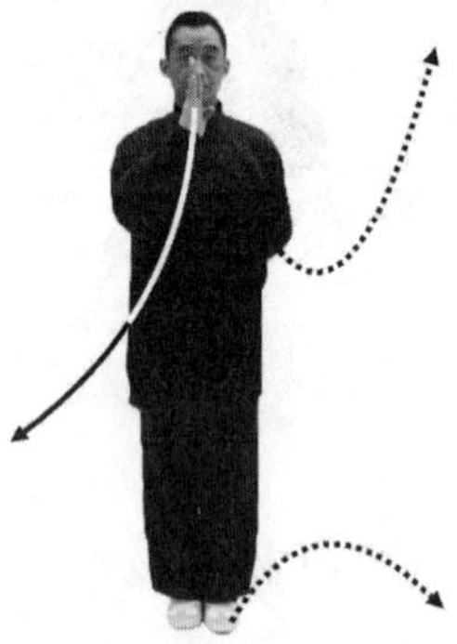

图 2-7-1

图 2-7-2

图 2-7-3

图 2-7-4

重心落于左脚，右脚提起虚点地面，右手先内旋向上经胸前然后外旋向前按掌，左手护于右小臂内侧随行，重心下降成虚步亮掌式，目视正前方。（图 2-7-5、图 2-7-6）

图 2-7-5

图 2-7-6

3. 三角步左虚步亮掌

右脚提起向右横摆一步，左手由腹前向上盘格，右手由胸前向下挂挡，重心右移，左膝向右膝靠拢，左手向下挂挡，右手向上盘格。提左脚向前成前点步，左手先外旋向上盘格至头前上方再随重心下降成左虚步而内旋下按成左虚步亮掌。（图 2-7-7～图 2-7-10）

图 2-7-7

图 2-7-8

图 2-7-9

图 2-7-10

4.三角步右虚步亮掌

左脚提起向左横摆一步，右手由腹前向上盘格，左手由胸前向下挂挡，重心左移，左膝向右膝靠拢，右手向下挂挡，左手向上盘格。提右脚向前成前点步，右手先外旋向上盘格至头前上方，再随重心下降成右虚步而内旋下按，成右虚步亮掌。（图 2-7-11～图 2-7-14）

图 2-7-11

图 2-7-12

图 2-7-13

图 2-7-14

以上三角步左右变换可反复练习，直至精熟。

第八节　段前八级套路（六合步）

扫码观看演示视频

1.行峨眉拳礼

身体由立正姿式站立开始，右手从体侧弧形向上直至头顶然后向下落于胸前呈须眉掌，左手握拳藏于腰后。（图 2-8-1）

2.右弓步劈拳

身体左转，左脚尖向左转 90°，右手微前伸，右手向下挂然后随右脚向斜前方大进一步成右弓步而向右前方反背拳劈出。（图 2-8-2、图 2-8-3）

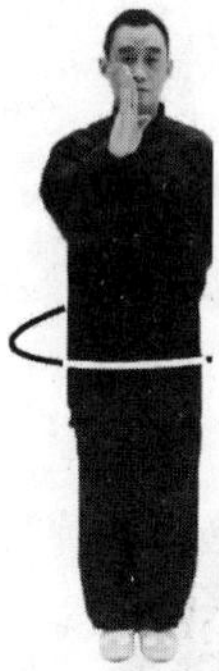

图 2-8-1

图 2-8-2

2-8-3

3.摆扣步抡劈拳

身体向右拧转，右拳回收腰间，左脚向前扣上一步成马步，左掌随摆扣步由后向前劈掌，上动不停，左手随劈掌惯性继续向下，带动身体右转，再重心前移，以腰带臂向左前方反背拳劈出，成左弓步。（图 2-8-4～图 2-8-6）

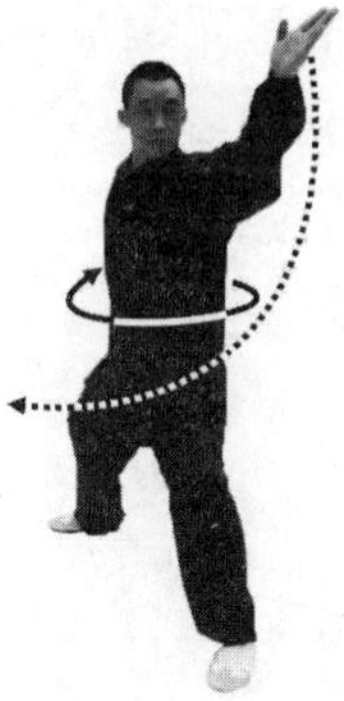

图 2-8-4

图 2-8-5

图 2-8-6

4.左弓步冲拳

左手内旋下按，右拳借拧腰转髋蹬地之势向前冲拳。（图 2-8-7）

5.仆步担山一条鞭

重心后移成左仆步，双手向两侧上挑分开。（图 2-8-8）

图 2-8-7

图 2-8-8

6.上挑下磕

左拳外旋下落护于裆前，重心前移，左手内旋向前上方挑击，右脚扣紧，以脚外侧缘领先向前磕击。（图 2-8-9、图 2-8-10）

图 2-8-9

图 2-8-10

7.左弓步劈拳

右脚向后回落成马步，双手收回护于腹前，身体向右拧转，右脚尖向右转 90°，左手随左脚向斜前方大进一步成左弓步而向左前方反背拳劈出。（图 2-8-11、图 2-8-12）

图 2-8-11

图 2-8-12

8. 摆扣步抡劈拳

身体向左拧转，左拳回收腰间，右脚向前跨上一大步成右弓步，右拳随摆扣步由后向前劈拳。（图 2-8-13）

上动不停，右手随劈拳惯性继续向下，带动身体左转，再重心前移以腰带臂向右前方反背拳劈出成马步。（图 2-8-14、图 2-8-15）

9. 右弓步冲拳

右手内旋下按，左拳借拧腰转髋蹬地之势向前冲拳。（图 2-8-16）

图 2-8-13

图 2-8-14

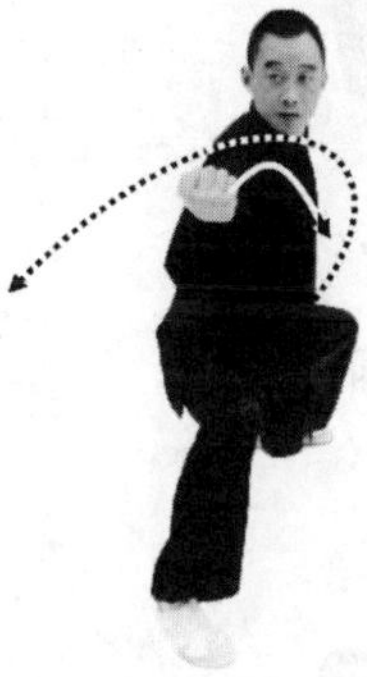

图 2-8-15

图 2-8-16

10. 仆步担山一条鞭

重心后移成右仆步，双手向两侧上挑分开。（图 2-8-17）

11. 上挑下磕

右拳外旋下落护于裆前，重心前移，右手内旋向前上方挑击，左脚扣紧，以脚外侧缘向前磕击。（图 2-8-18、图 2-8-19）

12. 收式

左脚向后回落成马步，双手收回护于腹前完成六合步，以上六合步可反复练习，直至精熟。每次训练结束后应收式，重心右前移，身体起立，右手向右侧上方举起，左手握拳置于腰后，左脚向右脚靠拢成立正姿式，右手于头前上方曲臂下落，于胸前立腕竖掌行峨眉拳礼。(图 2-8-19～图 2-8-22)

图 2-8-17

图 2-8-18

图 2-8-19

图 2-8-20

图 2-8-21

图 2-8-22

第九节　段前九级套路(四方步对扣)

扫码观看演示视频

1.行峨眉拳礼

双方均由立正姿式站立开始,相距1米左右面对面站立,右手从体侧弧形向上直至头顶,然后向下落于胸前呈须眉掌,左手握拳藏于腰后。(图2-9-1)

2.右对走摆扣

双方右手微前伸,搭手,双方均出右脚,脚尖外摆45°上前踩踏对方原右脚位置,以腰为轴均向右拧转,左脚随拧腰扣上一步,踩踏对方原左脚位置,完成一个六合步。(图2-9-2~图2-9-4)

图2-9-1

图2-9-2

图2-9-3

图2-9-4

3.摆转换手

双方均出右脚,脚尖外摆45°上前踩踏对方原右脚位置,以腰为轴均向左拧转,退步反踏对方原左脚位置,同时收右手,曲肘竖左小臂与对方对碰,完成一个四方步。(图2-9-5、图2-9-6)

图 2-9-5

图 2-9-6

4. 左对走摆扣

双方均出左脚，脚尖外摆 45°上前踩踏对方原左脚位置，以腰为轴均向左拧转，右脚随拧腰扣上一步，踩踏对方原右脚位置，完成一个六合步。（图 2-9-7、图 2-9-8）

图 2-9-7

图 2-9-8

5. 摆转换手收式

双方均出左脚，脚尖外摆 45°上前踩踏对方原右脚位置，以腰为轴均向右拧转，退步反踏对方原右脚位置，同时收左手，曲肘竖右小臂与对方对碰，完成第二个四方步。（图 2-9-9、图 2-9-10）

练完后可又开始练右对走摆扣，将左右变换步法练至精熟随心，最后退步互行峨眉拳礼收式。（图 2-9-11）

图 2-9-9

图 2-9-10

图 2-9-11

第三章 段位技术

第一节 一段技术(峨眉串子手)

扫码观看演示视频

峨眉十二庄中所讲的技击原则,"擒拿封闭,背锁刁揉,钩弹针踢,吞吐浮沈"等要诀,直到今天仍然是峨眉拳系中各分支流派的传世秘诀,"峨眉十二庄、拿云庄、旋风庄合诀"中所说的"粑粘联钩搭,套托随绷挤"八种技击诀法,"粑粘"是听劲分经的基础,"钩搭"是分筋错骨擒拿手法的运用,"套托"是得势进身的前提,"绷挤"是借力发劲、将对方发放出去的手段。正因为如此,我们把最能体现峨眉武术的串子手,即常人所说的擒拿法放在第一节,以使学者一进入峨眉武术段位就能领略到峨眉武术以小胜大、以弱胜强的威力,增强学习峨眉武术的兴趣和信心。

一、基本形态

(一)静型、手型

1.抓

张开手掌,五指第一、二节用劲弯曲,主要用于抓握对方手臂和经穴。(图 3-1-1)

2.拿

四指紧靠第一二指节卷曲,与拇指相对,掌心中空,主要与配手互相配合,用于拿擒对方的关节。(图 3-1-2)

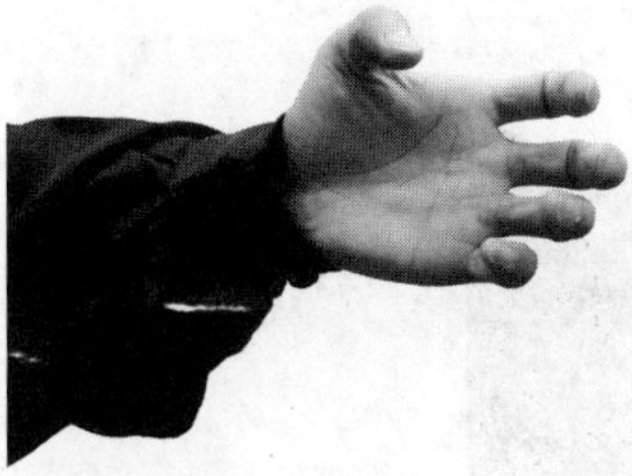

图 3-1-1

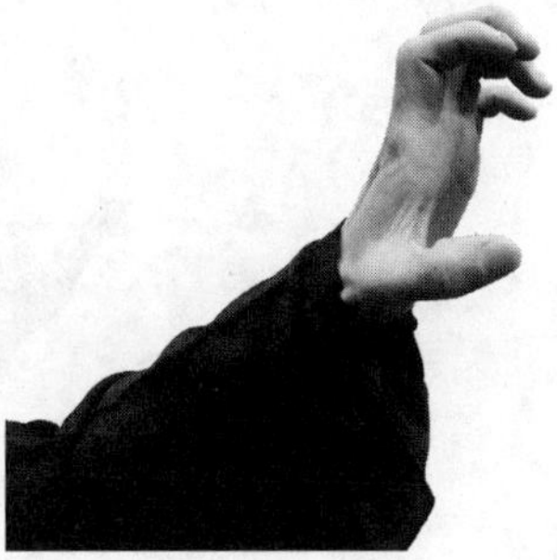

图 3-1-2

3. 扣

扣又分为腕扣和指扣两种，腕扣主要是腕关节向尺侧用力扣紧，以大鱼际及小指切扣对方的关节韧带。指扣主要以拇指和食指对合成圆，用于扣拿对方手指。（图 3-1-3、图 3-1-4）

图 3-1-3

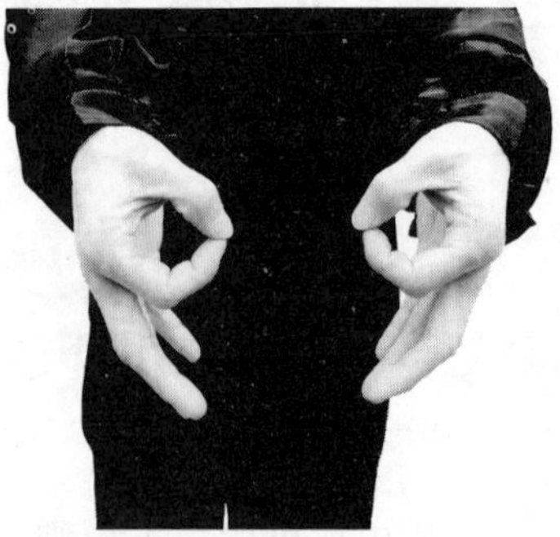

图 3-1-4

4. 卷

主要以掌根为中心，五根指头以小指领先，依次向掌根处卷曲用劲，是螺旋劲在擒拿法中最常用的一种方法。（图 3-1-5）

5. 托

曲肘顶腕，掌心向上，是擒拿法中最常见的配手手型，常用于托拿对方肘关节。（图 3-1-6）

图 3-1-5

图 3-1-6

6. 反穿

沉肘臂外旋，以掌根为中心，小指领先，五指顺序向掌根处卷曲，是擒拿法中常见的一种手型。（图 3-1-7）

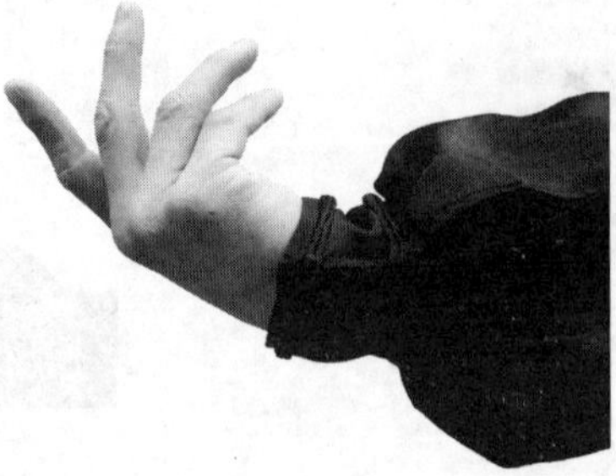

图 3-1-7

（二）峨眉串子手的基本技术

1. 擒指术基本用法

（1）别压指

假装友好向对方伸手，对其犹豫不定伸来的手卡住虎口即提腕别压指，令对方因疼痛而下蹲。具体来说，首先以拇指按住他拇指根节，再内旋腕以食指别压住其拇指稍，沉腕反别即可令对方因疼痛而手腕反旋并下蹲。（图 3-1-8～图 3-1-12）

图 3-1-8

图 3-1-9

图 3-1-10

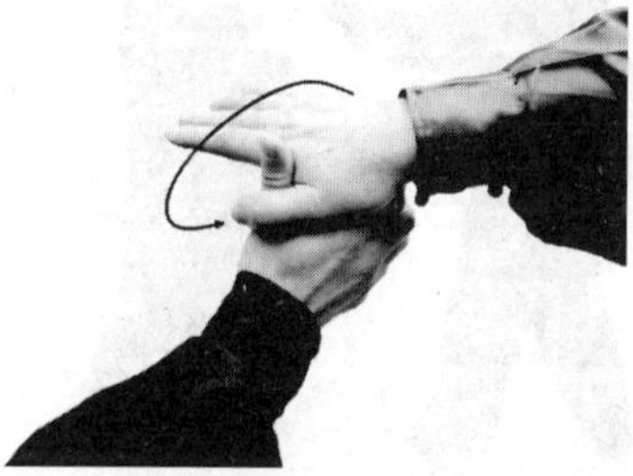
图 3-1-11

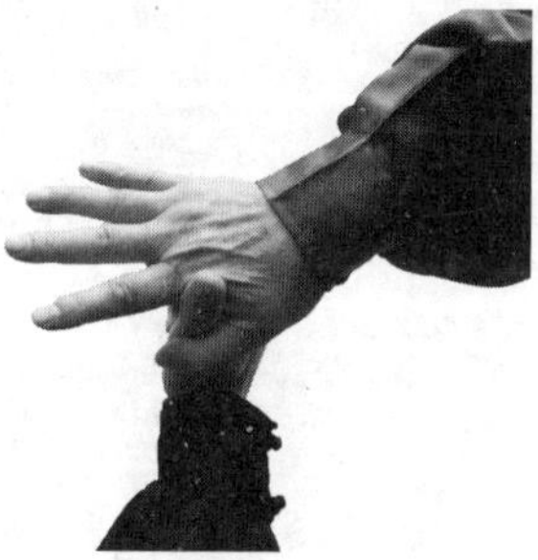
图 3-1-12

（2）握指翻

与对方握手时也可以用小指勾住他的小指根节，垂肘向外旋臂，顶腕后拉，以掌根推压对方指尖使其产生剧痛。（图 3-1-13～图 3-1-16）

图 3-1-13

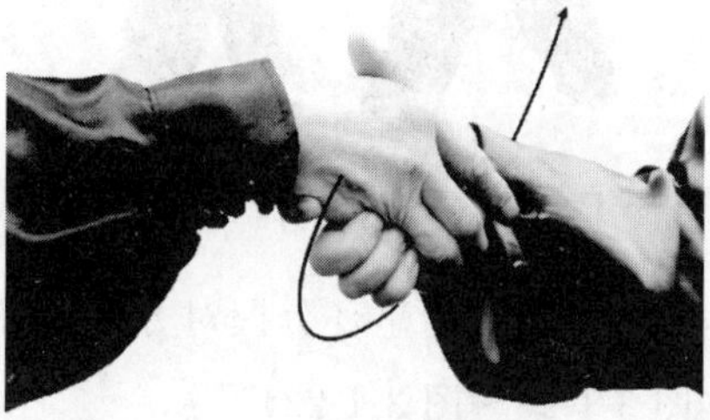
图 3-1-14

图 3-1-15

图 3-1-16

(3)双扣指

对方用右手向我胸前推来,我可双手向上接握来手。(图 3-1-17～图 3-1-19)

图 3-1-17

图 3-1-18

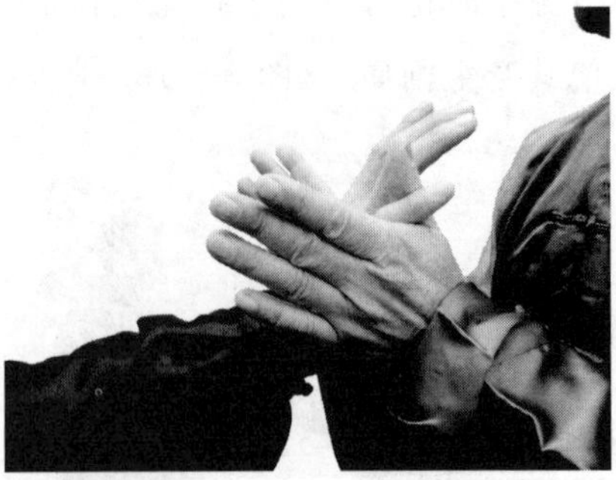

图 3-1-19

双手拇指、食指呈环分握对方拇指和小指,扣腕下按,迫使其指超过生理极限而护痛下蹲。(图 3-1-20～图 3-1-22)

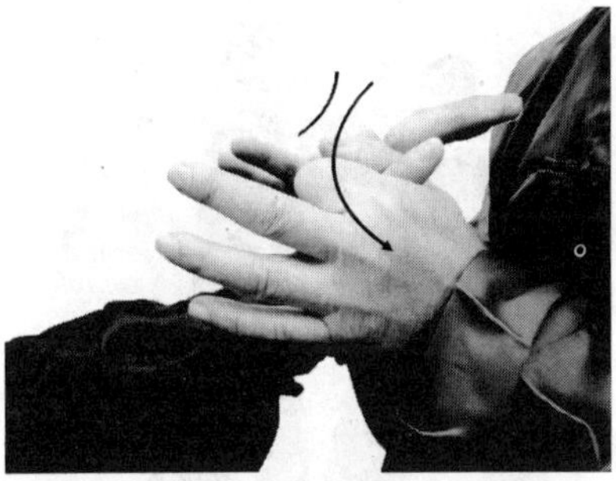

图 3-1-20

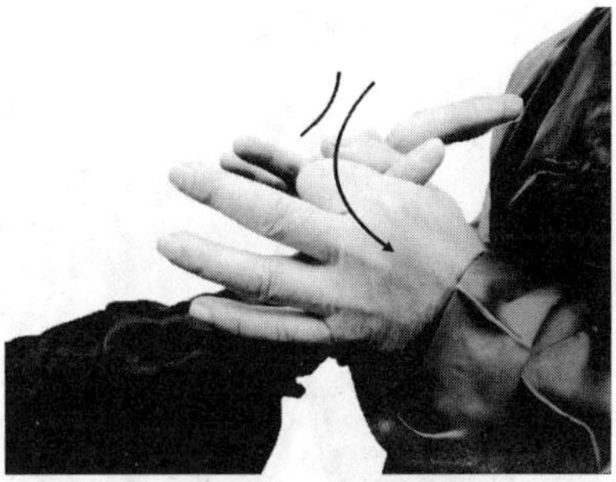

图 3-1-21

图 3-1-22

2.擒腕术基本用法

(1)缠腕

被对方抓握右腕,此时不要强拉,以免暴露意图。应以另一手拍控对方的手背,被抓手竖肘前靠。让对方手臂不自觉上抬,然后再用螺旋劲扣腕。(图 3-1-23～图 3-1-29)

要领:竖肘前靠,旋臂扣压。

注意事项:被对方抓腕后不要强拉,以免暴露意图;应竖肘前靠,让对方手臂不自觉上抬、扣压才能得手。

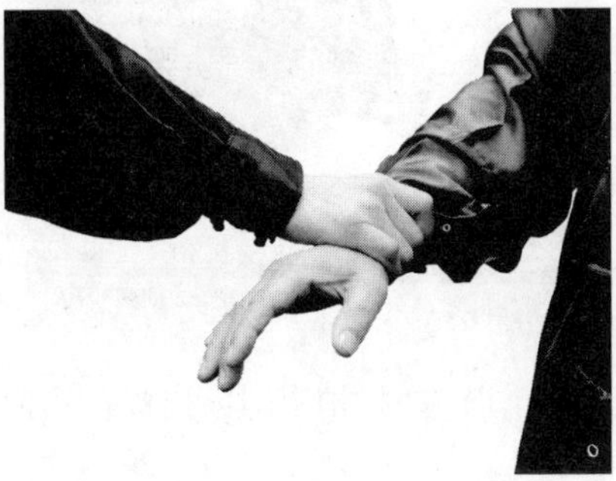

图 3-1-23

图 3-1-24

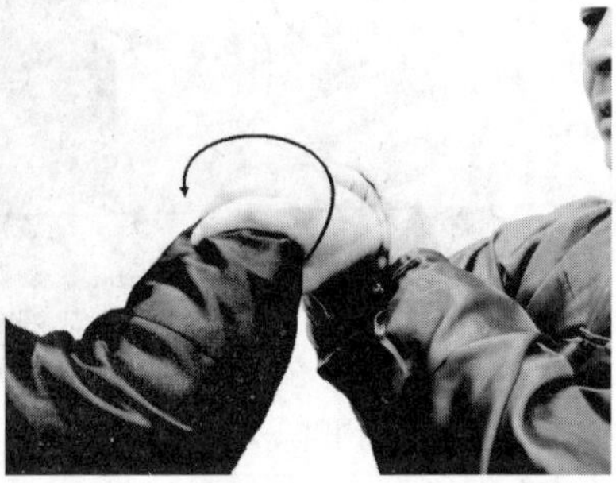

图 3-1-25

图 3-1-26

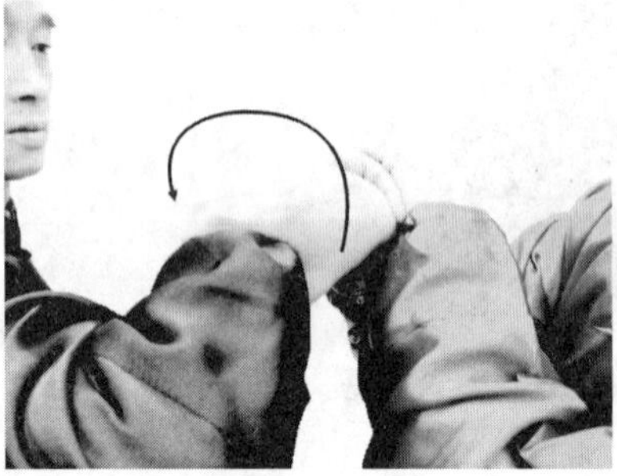

图 3-1-27

图 3-1-28

最后右臂再与身体连成一片形成力臂，以对方腕关节为支点，己方右手虎口为力点，向下扣压，令对方因不能忍受的疼痛而被迫下蹲。（图 3-1-30）

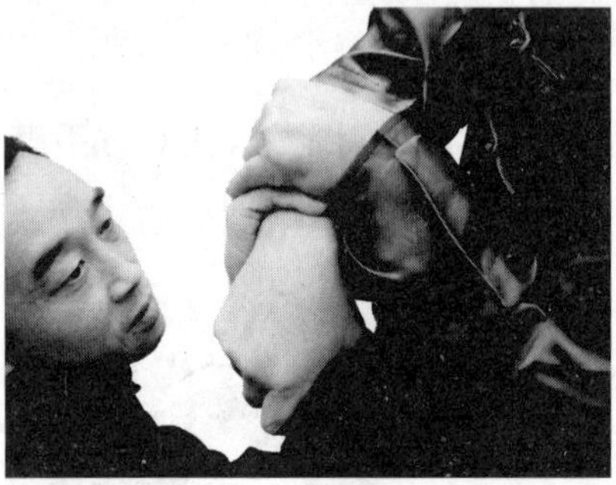

图 3-1-29

图 3-1-30

（2）捋腕

对方左手虎口向下抓握己方右手腕，己方可以左手拍按其手背，后抬起右肘。（图 3-1-31～图 3-1-34）

要领：控手提肘，过其臂含胸拐压。

注意事项：辅助手托住对方的虎口下方效果最好，但练习时一定不能太用劲，以免造成对方腕关节扭伤。

图 3-1-31

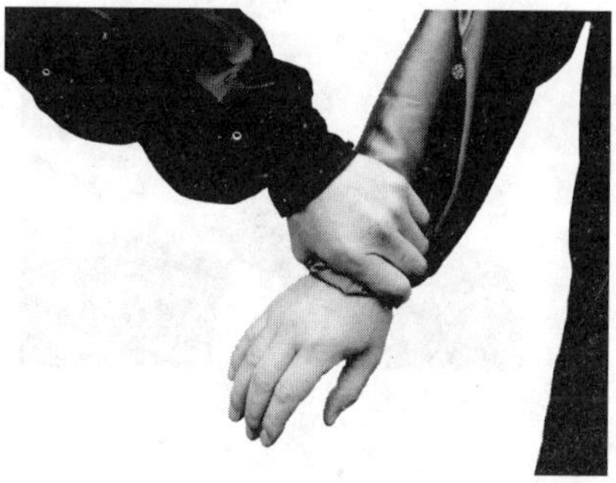

图 3-1-32

图 1-2-33

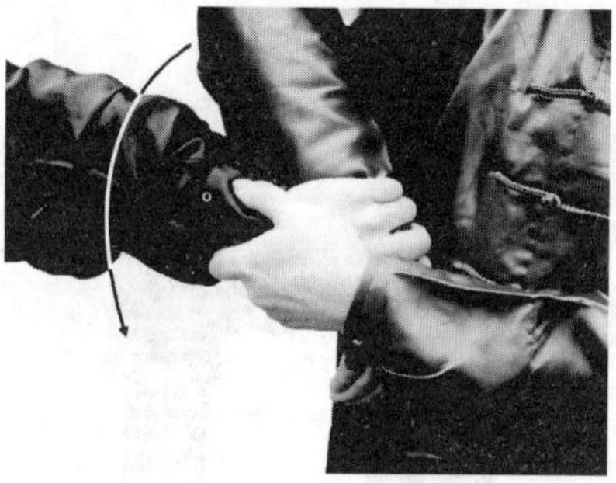

图 1-2-34

以右肘超过对方抓己方手臂。(图 3-1-35、图 3-1-36)

图 3-1-35

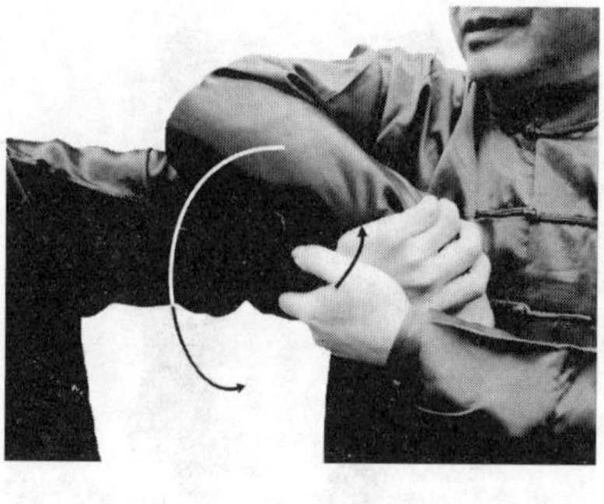

图 3-1-36

辅助手托住对方的虎口下方，含胸拐压其臂，令对方护痛下蹲。(图 3-1-37、图 3-1-38)

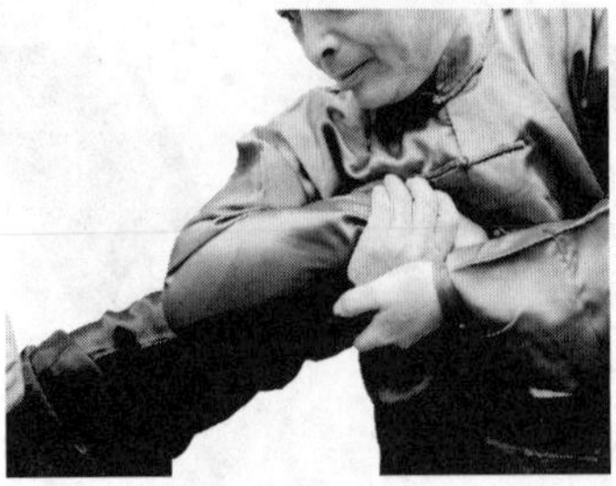

图 3-1-37

图 3-1-38

(3)解脱卷腕

对方右手虎口向上抓握己方的左腕,己方可曲臂旋外从对方大拇指处突围。(图 3-1-39～图 3-1-42)

图 3-1-39

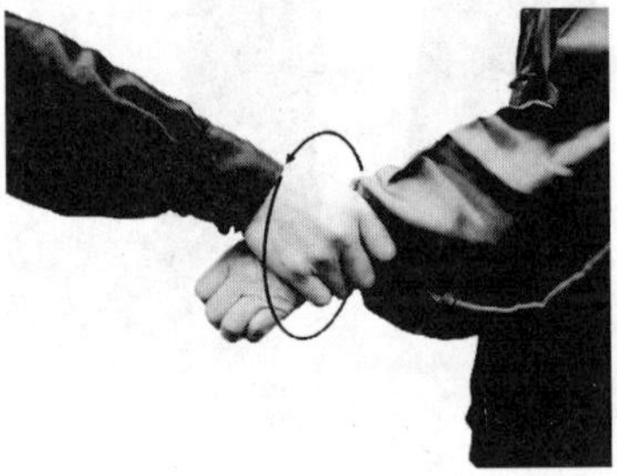

图 3-1-40

图 3-1-41

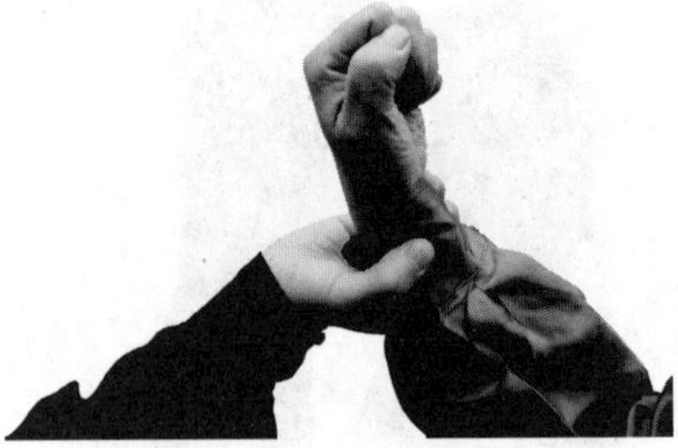

图 3-1-42

然后用另一手拇指在下接握其手掌,左手内旋脱出协同接握对方的手掌,双手向对方侧外旋扭,擒住对方。(图 3-1-43～图 3-1-46)

要领:从对方大拇指处突围,然后用另一手拇指在下接握其手掌,双手向对方侧外旋扭,拇指上推。

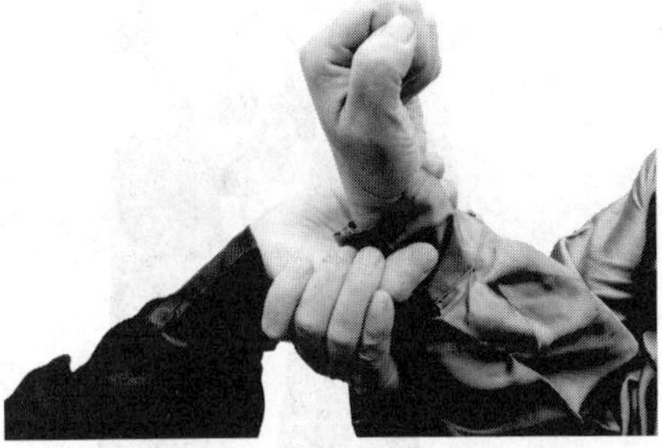

图 3-1-43

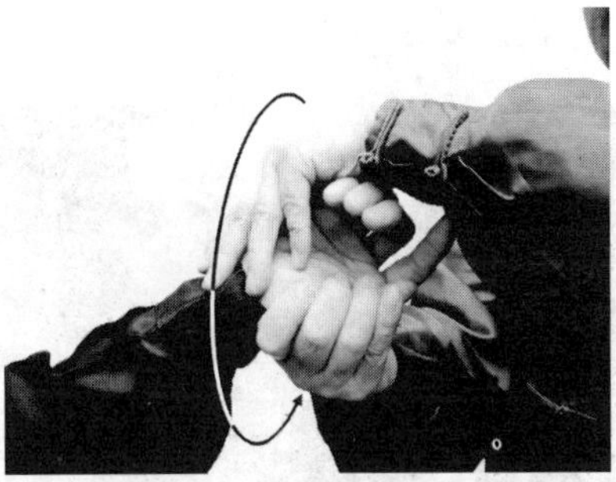

图 3-1-44

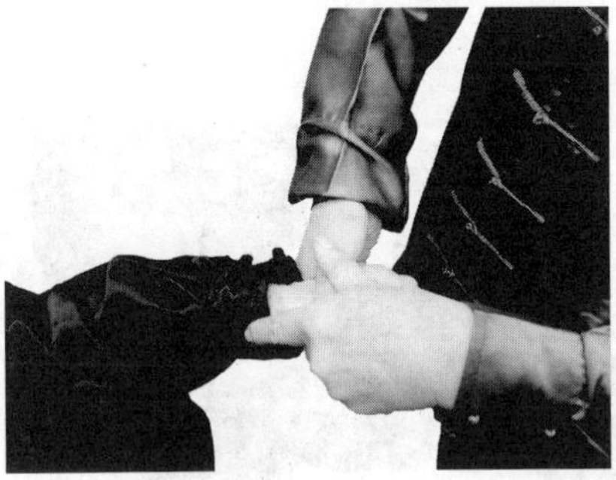

图 3-1-45

图 3-1-46

3. 擒肘术基本用法

(1)分指锁臂

对方用右手虎口向上抓握己方的左腕，己方用右手接握对方右腕关节，沉肘前靠，用左小臂推别对方拇指，将其腕背靠在己方肩头，左手前推至对方肘关节，右手握其腕送入己方左肘弯，身体前靠下压、左手拍压其肘尖，擒住对方。(图 3-1-47～图 3-1-54)

要领：沉肘前靠，推别对方拇指；另一手接握他腕关节，将其腕背靠在我肩头，左手前推至对方肘关节，左手上推拧旋，右手握其腕送入己方肘弯，身体前靠下压，擒住对方。

图 3-1-47

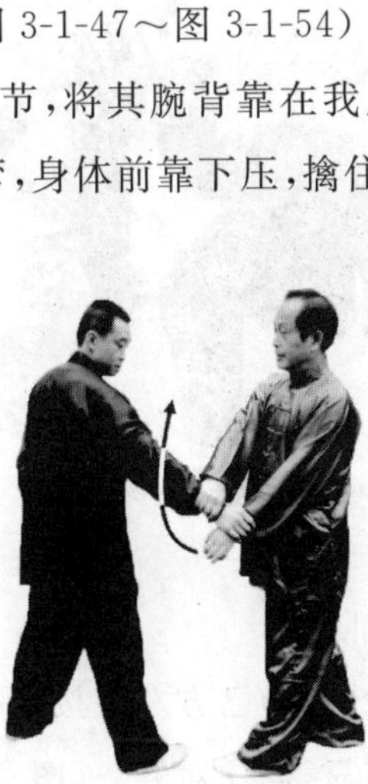

图 3-1-48

对方抓拍我右肩，己方左手按其抓肩手背，提右手过其臂，用自游泳插水动作别压下插，身体同时下沉前靠，擒住对方。（图 3-1-49～图 3-1-54）

图 3-1-49

图 3-1-50

图 3-1-51

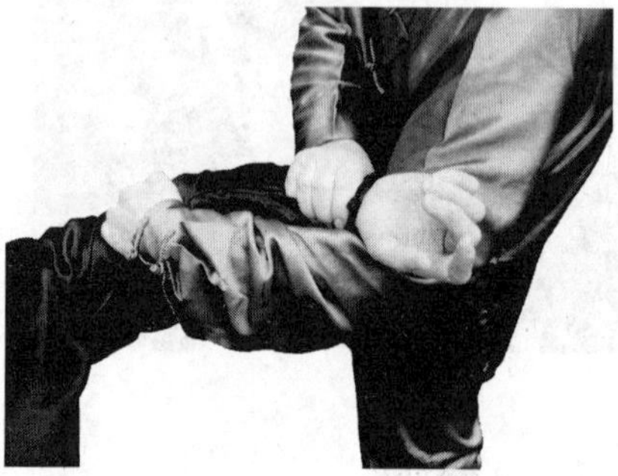
图 3-1-52

图 3-1-53

图 3-1-54

（2）捋腕破抓肩

对方抓拍我右肩，己方左手按其抓肩手背，提右手过其臂，用自游泳插水动作别压下插，身体同时下沉前靠，擒住对方。（图 3-1-55～图 3-1-58）

要领：对方抓拍肩，己方用左手按其手背提右手过其臂，用自游泳插水动作别压下插；身体同时下沉前靠，擒住对方。

图 3-1-55

图 3-1-56

图 3-1-57

图 3-1-58

(3)击裆反提肘

对方用左手由后拍按己方右肩，己方可用左手反按其手，右手反背拳击面，再向下击裆，趁对方护疼之际再向后反抡臂，圈提其手臂，擒住对方。(图 3-1-59～图 3-1-65)

要领：按手反背拳击面，再向下击裆再向后反抡，圈提其手臂，擒住对方。

图 3-1-59

图 3-1-60

图 3-1-61

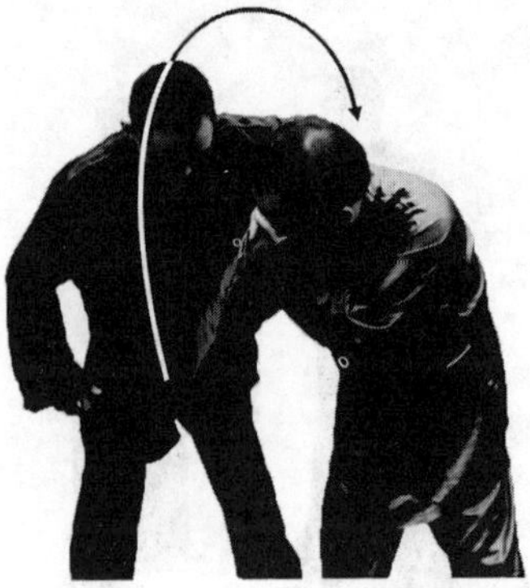

图 3-1-62

图 3-1-63

图 3-1-64

图 3-1-65

二、峨眉串子手(一段技术套路)

1. 抱拳礼

身体挺直，立正站立，两手自然下垂，指尖对裤缝，顶头收颌目视正前方，右手直臂由体侧抬起，直至头顶上方，左手同时握拳藏于身后。(图 3-1-66、图 3-1-67)

图 3-1-66

图 3-1-67

右手慢慢下落，曲肘竖掌至胸前。身体左转 45°，左拳弧形向前至胸前侧面，拳心向下，右掌内旋并慢慢左上插，掌心向上置于左拳外侧，双臂呈环抱状，头微转向左，目视左前上方。（图 3-1-68、图 3-1-69）

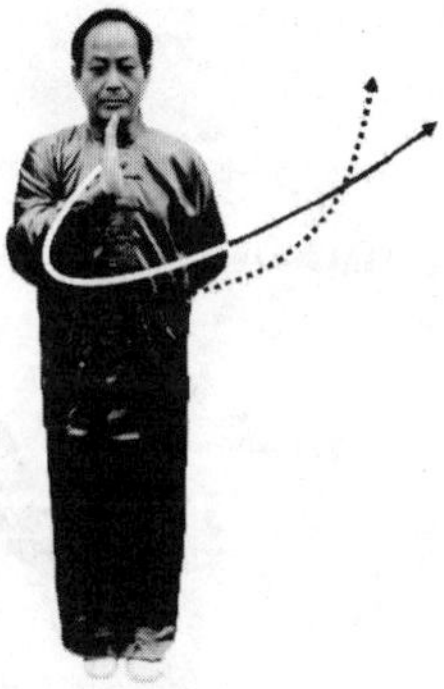
图 3-1-68

图 3-1-69

2. 提手别压指

右脚向右跨一步成横裆步，右掌旋内变拳，左手护于右前臂随重心下降向下按于腹前。（图 3-1-70）

3. 退步捋腕

左脚提膝后插，右臂曲肘上提，右脚后摆一步，身体后转 180°成马步，右臂同时裹肘向前下压。（图 3-1-71、图 3-1-72）

图 3-1-70

图 3-1-71

图 3-1-72

4.卧弓步反插掌

重心左移成卧弓步,同时左手上斜穿,右手贴大腿向右下反插掌。(图 3-1-73)

图 3-1-73

5.左后转背折靠顶肘

左脚提起向右后倒插一步,左手曲肘握拳,头向左后转。右手顶住左拳面,重心左移成左弓步,左肘顺势左顶,目视左前方。(图 3-1-74～图 3-1-76)

图 3-1-74

图 3-1-75

图 3-1-76

6.上步擒腕

右脚上前一步成右四六步,右手微曲前伸擒腕。(图 3-1-77)

图 3-1-77

7.四六步下沉腕

重心下沉,右手曲臂坐腕。(图 3-1-78)

8. 锁臂破缠腕

左手护于右腕，身体撑起，左肘后抽上抬，前压。双手于体前交叉，右手在内左手在外，两掌心均向内。双手于体前舞一小花后右手横置于胸前，左手曲肘叉腰，随身体向右前下压。（图 3-1-79～图 3-1-82）

9. 侧身反提肘

身体左侧仰，左肘旋外上提。（图 3-1-83）

图 3-1-78

图 3-1-79

图 3-1-80

图 3-1-81

图 3-1-82

图 3-1-83

10. 穿化弓步推颌

收右脚，身体右转收腰成右虚步，双手内旋，右掌心向下按于腰侧，左掌微曲，按于胸前，

目视右前方。(图 3-1-84)

右脚上前一大步成右弓步,左手后挂于腰侧掌心向下,右手立掌前推。(图 3-1-85)

图 3-1-84

图 3-1-85

11.低弓步下坐腕

身体前探右手曲肘下坐腕。(图 3-1-86)

12.横压肘反穿臂过头

右肘向前提起扑肘击打,左手护于右腕。左脚上前成右虚步,右肘向前挂压,右肘继续左右后挂压划弧一周后,右手绕过头部。(图 3-1-87～图 3-1-89)

图 3-1-86

图 3-1-87

图 3-1-88

图 3-1-89

右手绕头后向下，与左手交叉抱于胸前，左脚回收双脚并拢微曲膝。（图 3-1-90）

13. 敬礼完成攻方套路

左手曲肘竖前臂，掌心向内由右臂弯中上穿并旋内立腕前推，右手回拉于腰间，目视左前方。身体左转成正面立正姿式，右手直臂由体侧抬起，直至头顶上方，左手同时行至体侧并握拳藏于身后，右手慢慢坐腕下沉于胸前。（图 3-1-91、图 3-1-92）

图 3-1-90

图 3-1-91

图 3-1-92

14. 四六步坐腕(防守方)

守方套路从上右脚开始，上右脚成右弓步，右手前伸，身体下坐成四六步，右臂外旋沉腕。（图 3-1-93～图 3-1-95）

图 3-1-93

图 3-1-94

图 3-1-95

15. 上左脚马步左手下按

左脚上前一步成马步，左手旋内曲臂下按，虎口朝内，掌心向下。（图 3-1-96）

16. 右弓步后插掌

身体向右拧转成右弓步，右掌外旋前伸，掌心向上，左掌旋内反掌顺左大腿后下插，掌心向外，目视左下方。（图 3-1-97）

图 3-1-96

图 3-1-97

17. 左弓步反压肩

向后抽抬左肘，左脚提膝，重心向左下落，身体重心左压成左弓步，左肘下压右肘上抬呈倒水样。（图 3-1-98～图 3-1-100）

图 3-1-98

图 3-1-99

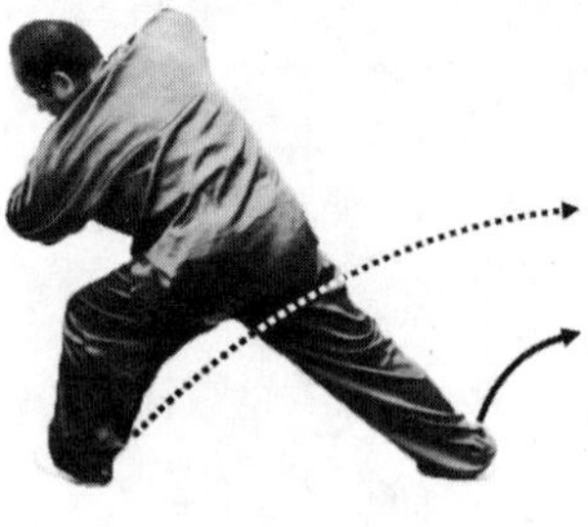
图 3-1-100

18. 跨跳步

重心右移提左脚，向左跨跃，右脚随即向右跳，双脚落地成马步，双手置于胸前。（图 3-1-101、图 3-1-102）

图 3-1-101

图 3-1-102

19. 回身右缠腕

身体左转回身上右脚，左手护于右前臂外旋上提，右腕旋拧下切做缠腕动作。（图 3-1-103、图 3-1-104）

图 3-1-103

图 3-1-104

20、左弓步后插掌

身体向左拧转成左弓步，双臂内旋后伸，身体前俯，目视右下方。（图 3-1-105）

图 3-1-105

21. 右弓步右提肘

左掌先向身体前下方抓住自己右腕，再与右手合力随身体向上右侧仰，重心右移成右弓步，右手握拳外旋上挂。（图 3-1-106）

22. 退步双扣指

右脚后插一步，双手曲肘合掌于胸前。身体前俯下蹲，含胸下压。（图 3-1-107、图 3-1-108）

图 3-1-106

图 3-1-107

图 3-1-108

23. 翻腰并步亮掌

身体撑起向左后拧转，双手右侧摆，身体继续向左拧转，右手绕挂过头，右手绕挂过头部后向下，左手曲肘竖前臂，掌心向内由右臂弯中上穿，左脚回收成立正姿式，右手回拉于腰间，左手旋内立腕前推，目视左前方。（图 3-1-109～图 3-1-111）

图 3-1-109

图 3-1-110

图 3-1-111

24. 抱拳礼收式

身体左转 45°，左手先回收，然后双手弧形向前，左手立掌，右手握拳置于左掌虎口处向外前推，行抱拳礼。（图 3-1-112）

双手下落，身体挺直立正站立，两手自然下垂，指尖对裤缝，顶头收颌目视正前方，收式。（图 3-1-113）

图 3-1-112

图 3-1-113

三、峨眉串子手对练套路(一段对练)

1. 双方互行抱拳礼(注:年长者为甲方用实线表示运动方向,年轻者为乙方用虚线表示运动方向)

甲乙双方立正站立,目视对方。(图 3-1-114)

2. 甲方进左步握手别压指、乙方沉肘坐腕

双方进右脚,双手握手。甲方的手卡住乙方手的虎口即提腕,以拇指按住乙方右手拇指根节,内旋腕以食指别压其拇指梢,沉腕反别令乙方手腕过度外旋。(图 3-1-115、图 3-1-116)

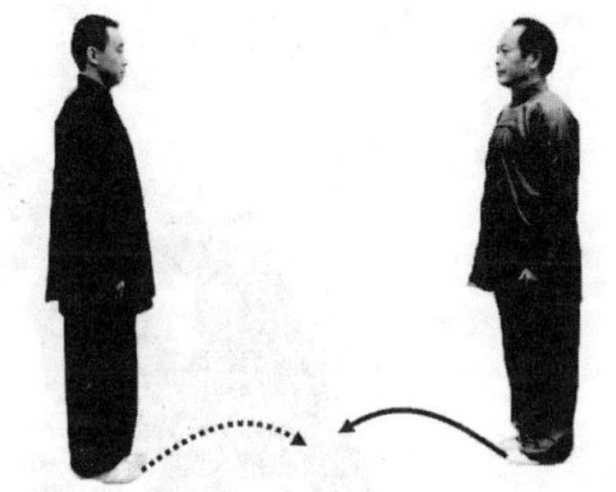
图 3-1-114

图 3-1-115

3. 乙方上左步虎口向下抓甲方右腕

乙方上左步虎口向下抓握甲方右腕,以解脱被擒右手。(图 3-1-117)

图 3-1-116

图 3-1-117

4. 甲方左手拍压乙方手背捋腕

乙方抽出被擒右手,甲方左手拍压乙方手背,提右肘过乙方左臂,含胸拐压施捋腕术。(图 3-1-118～图 3-1-120)

5. 乙方右手拉腕臂压肩

乙方提肘扣腕，减轻疼痛，同时以另一手由下抓握甲方的右手腕，使劲下拉并上抬，同时以前肘按压甲方肘关节处，反擒甲方。（图 3-1-121、图 3-1-122）

图 3-1-118

图 3-1-119

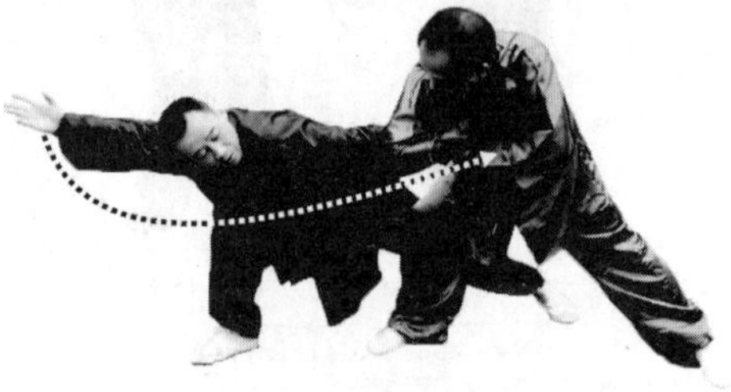

图 3-1-120

图 3-1-121

6. 甲身体左后转插腿左背折靠

甲方身体左后转左脚向乙方身前插腿，身体左后拧转，左背折靠撞击乙方软肋，乙方向右侧跃退，落地与甲方对峙。（图 3-1-123～图 3-1-125）

图 3-1-122

图 3-1-123

图 3-1-124

图 3-1-125

7.甲方上步右手抓乙方右腕

甲方上步右手抓握乙方右腕。(图 3-1-126)

8.乙方缠腕,甲方锁臂破缠腕

乙方左手拍压甲方右手背,旋臂扣压缠腕。(图 3-1-127、图 3-1-128)

图 3-1-126

图 3-1-127

甲方首先沉腕,减轻压力再提肘上挂其臂并下压;另一只手反托乙方肘关节,右手同时擒腕下扭并将乙方手送入自己肘弯处,身体前靠,左手下压其肘关节,擒住乙方。(图 3-1-129~图 3-1-133)

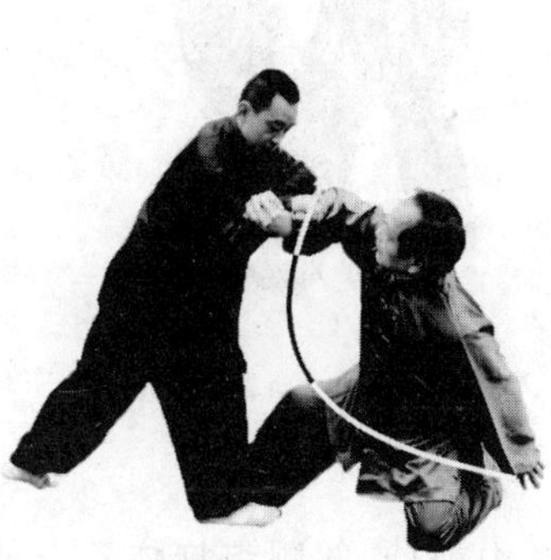

图 3-1-128

图 3-1-129

图 3-1-130

图 3-1-131

图 3-1-132

图 3-1-133

9. 乙方反提肘破锁臂

乙方先身体前俯，然后用另一手由腹前伸过去握住自己的被擒手，全身肌肉紧张，弊气，起身提肘，令甲方左肘过度外翻而反擒甲方。（图 3-1-134、图 3-1-135）

图 3-1-134

图 3-1-135

10. 甲方抱腰推颌破乙方反提肘

甲方身体撑起，耸肩、左臂内旋，下伸由乙方右臂弯中前伸，并顺势抱住乙方的腰部，右掌托住乙方的下颌关节，左手搂，右手推，使乙方身体被迫反弓。（图 3-1-135～图 3-1-137）

图 3-1-136

图 3-1-137

11.乙方退步双扣指

乙方双手由下向上抓握甲方的大拇指和小指，退右脚，扣腕下按、迫使甲方因手指超过生理极限而下蹲沉肘坐腕。（图 3-1-138、图 3-1-139）

图 3-1-138

图 3-1-139

12.甲方横压肘反穿臂过头

甲方以左手反按乙方手背，迅速曲肘上提捋腕，并反挂其肘，迫使乙方身体左后旋转一周。（图 3-1-140～3-1-144）

图 3-1-140

图 3-1-141

图 3-1-142

图 3-1-143

13. 双方退步推掌抱拳

双方退步，左手由右臂弯中向前推掌，右手收回抱于腰间，目视对方。双方互行抱拳礼，双方双手放下成立正姿式。（图 3-1-145～图 3-1-147）

图 3-1-144

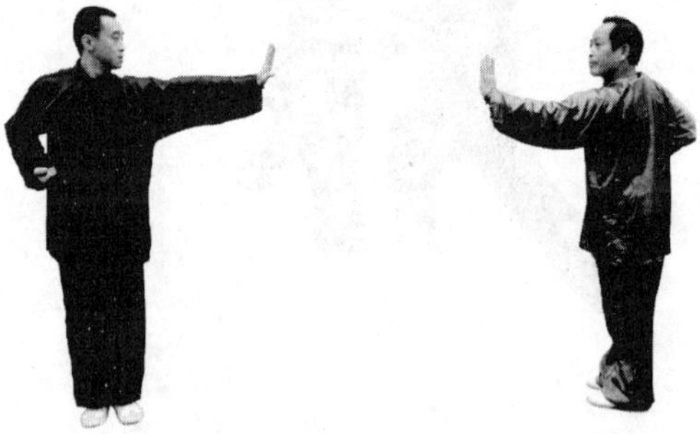

图 3-1-145

图 3-1-146

图 3-1-147

（攻防互换）

第二节 二段技术(峨眉柔术)

扫码观看演示视频

我们在第一章中讲过:“峨眉十二庄・拿云庄、旋风庄合诀”中所说的“粑粘联钩搭,套托随绷挤”八种技击诀法是峨眉武术中有着显著特色的技击方法,“粑粘”是听劲分经的基础,“钩搭”是分筋错骨擒拿手法的运用,“套托”是得势进身的前提,“绷挤”是借力发劲,将对方发放出去的手段。峨眉柔术则是能充分体现这种特色的技击术,为此,我们将峨眉柔推术作为晋升二段的一种技术。

峨眉柔推术主要采用一种柔缓平和的训练方式来提高人体肌肤触觉和本体感觉的灵敏性,以达到人不知我、我独知人的特效。在一种十分安全、充满情趣和吸引力的境界中使对练双方共同进步,逐步掌握引进落空,趁势借力,用技巧和智慧牵动对方重心,使其失去平衡的特殊技能,以至于轻易地将其掷出。若在生活中遭遇不法之徒的侵害时则可结合晋升一段时所学过的峨眉串子手随意拿法,轻松地制服歹徒。

峨眉柔术的技击原则是松园为化、方疾为用、逢人夺位、借力巧打、后发先至、松柔圆活贯穿始终。讲究打人不露形,露形必不赢,进身不老,打人不倒,实战中要求化掉来势,循隙而进,以“粑粘”到的各个接触力点为转折,疾速反击对方要害,缠锁对方关节。

一、基本形态

1. 关格手

由正面预备式开始曲肘竖前臂身体向左拧转,以前臂外旋向左格挡。(图 3-2-1、图 3-2-2)

图 3-2-1

图 3-2-2

2. 盘挡手

以腰带臂向右拧转,小臂旋内向右外方格挡,掌心同时翻向下方。(图 3-2-3)

3. 蹬掤引坐手

双脚蹬地使身体向上撑起，前手立掌前推，前臂弯曲微外旋，掌心转向内，前臂微内旋向上，身体微后仰，身体含胸坐髋，以肘领先下坐，双脚蹬地使身体向上撑起，前手立掌前推，恢复蹬地前推掌的姿式。（图 3-2-4～图 3-2-8）

图 3-2-3

图 3-2-4

图 3-2-5

图 3-2-6

图 3-2-7

图 3-2-8

4. 挑手、坐肘、冲拳

由正面预备式或蹬掌前推手开始，曲肘向上挑挂，身体收腹下蹲，同时以肘领先向下坐肘，身体向上蹬地撑起，向前方冲拳，拳眼向上，眼示前方。（图 3-2-9～图 3-2-11）

图 3-2-9

图 3-2-10

5.裹肘斜拦

身体直立,左脚退半步右手向左关格,手腕变勾手先向右下勾挂,再以腕背骨领先,向左裹肘斜拦。(图 3-2-12～图 3-2-16)

图 3-2-11

图 3-2-12

图 3-2-13

图 3-2-14

图 3-2-15

图 3-2-16

二、二段单练套路(柔推术单练)

1.起式

身体正直站立,右手从体侧弧形向上直至头顶,左手握拳藏于腰后。右手行至头顶后曲臂立掌下落至胸前。这就是峨眉武术特定的峨眉拳礼。(图 3-2-17～图 3-2-19)

图 3-2-17

图 3-2-18

2.进步蹬、掤、引、座手

蹬:右脚大进一步成右弓步,右手立掌前推。(图 3-2-20)

图 3-2-19

图 3-2-20

掤：重心后座成四六步，前臂外旋掌心向内指尖向左。（图 3-2-21）

引：右手一边内旋滚动一边微微上抬。（图 3-2-22）

图 3-2-21

图 3-2-22

座：坐髋关节右下旋转，右手坐肘立掌翻腕。（图 3-2-23）

蹬：重心再慢慢前移成右弓步，右手缓慢向前推出。（图 3-2-24）

图 3-2-23

图 3-2-24

3. 退步蹬、掤、引、座手

重心后移退右脚，前臂外旋含胸回收，右脚落地成左弓步。（图 3-2-25）

蹬：右脚落地成左弓步，同时收右手推左掌。（图 3-2-26）

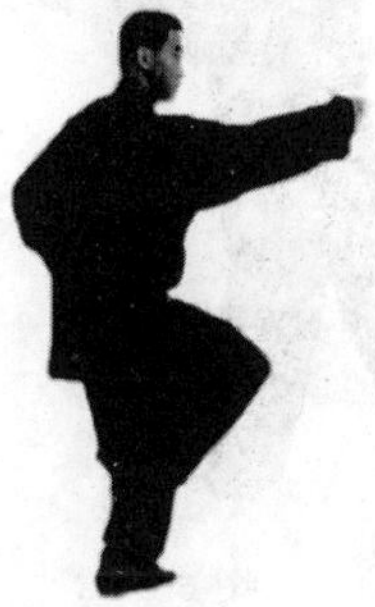

图 3-2-25

图 3-2-26

捌:重心后座成四六步,前臂外旋掌心向内指尖向右。(图 3-2-27)

引:左手一边内旋滚动一边微微上抬。(图 3-2-28)

图 3-2-27

图 3-2-28

座:坐髋关节左下旋转,左手坐肘立掌翻腕。(图 3-2-29)

蹬:重心再慢慢前移成左弓步,左手缓慢向前推出。(图 3-2-30)

图 3-2-29

图 3-2-30

4. 进步右左冲拳、右关格

收左手右脚前迈一步成右弓步,同时冲右拳。身体向左转动冲左拳。然后身体向左侧拧转,右手曲肘竖前臂向左关格。(图 3-2-31～图 3-2-34)

图 3-2-31

图 3-2-32

图 3-2-33

图 3-2-34

5.退步左关格,跟步外盘左冲拳

左手向右前方关格,右脚随即向前跟进半步,左手向左外方盘挂,上动不停,左脚向前进一步,左手护脸,重心前移,左冲拳顺势向前击打。(图 3-2-35～图 3-2-38)

图 3-2-35

图 3-2-36

图 3-2-37

图 3-2-38

6.上步立圆柔推

右脚上前一步,身体右转,以肩领臂由下向上向前上方上挑,身体随手掌上挑向右拧转,同时含胸坐髋。右掌向下向前划弧。以掌划立圆的整个过程中,以肩为中心,必须做到眼随掌走。(图 3-2-39～图 3-2-42)

图 3-2-39

图 3-2-40

图 3-2-41

图 3-2-42

挑手立圆柔推完成后即可进行反方向的沉肘的立圆柔推，动作开始，以肘领先，后坐回拉，同时含胸坐髋。右掌向后再向上向前划弧。注意由下往、上往前的时候，一定要运用松肩沉肘的方法。（图 3-2-43～图 3-2-44）

图 3-2-43

图 3-2-44

7.退步立圆柔推

右脚提起，后退一步身体右转右手回拉，左手前伸。左手以肩领臂由下向上向后上挑，身体随手掌上挑向左拧转，同时含胸坐髋坐肘。再向下向前向上划弧前推。再反转做向下回拉，坐髋，再经后向上、向前前推。在以肩为中心，以掌划立圆的整个过程中，必须做到眼随掌走。（图 3-2-45～图 3-2-52）

图 3-2-45

图 3-2-46

图 3-2-47

图 3-2-48

图 3-2-49

图 3-2-50

图 3-2-51

图 3-2-52

8.进步立圆挑打

上动不停,左臂随坐髋上挑下沉,坐肘,然后随重心前移成弓步向前冲左拳。身体向左拧转向右冲拳。(图 3-2-53～图 3-2-55)

图 3-2-53

图 3-2-54

9.左击肋拳,右左关格

身体向右拧转,收右手发左拳斜下击。(图 3-2-56)

图 3-2-55

图 3-2-56

身体向左拧转,右手曲肘竖小臂向左关格。身体再向右拧转,左手曲肘竖小臂向右关格。(图 3-2-57、图 3-2-58)

图 3-2-57

图 3-2-58

10. 退步坐肘掩防

右脚后退一步，右手向下坐肘掩防，身体同时向右拧裹。左脚大进一步左手同时左冲拳。（图 3-2-59、图 3-2-60）

图 3-2-59

图 3-2-60

11. 进步搭手

重心前移右脚向前上步，右手随上步前伸，前臂旋外翻掌心朝上变为仰掌。（图 3-2-60～图 3-2-62）

图 3-2-61

图 3-2-62

12. 右手八字柔推

身体微右转下蹲，右掌向下向后、再向上，上动不停双脚蹬起右手继续绕圈向前、向下再向上，上动不停重心后坐以腰带右手臂向右上方旋外翻转回拉。髋关节后座右手继续向后

向下再转向前。(图 3-2-64～图 3-2-68)

图 3-2-63

图 3-2-64

图 3-2-65

图 3-2-66

图 3-2-67

图 3-2-68

重心下沉坐髋,然后右手翻掌下插。(图 3-2-69)

13. 左手八字柔推

右脚后退一步,右手回收,左手搭手前伸,身体微后仰左手向后上方划弧回拉,然后坐肘

坐髋左手向前斜推。(图 3-2-70～图 3-2-72)

图 3-2-69

图 3-2-70

图 3-2-71

图 2-2-72

身体向左后坐髋左拧,左手翻掌心朝上,再向上向后回拉。再向下划弧推出。(图 3-2-73～图 3-2-75)

图 3-2-73

图 3-2-74

14. 进步冲拳

右脚提起向前,同时大进一步冲左拳。(图 3-2-76、图 3-2-77)

图 3-2-75

图 3-2-76

15. 左格手勾挂羊蹄手

身体向右拧转，左手曲肘竖臂向右关格，再顺势向左下方勾挂，身体复向右拧转裹身，左羊蹄手向斜前击打。（图 3-2-78、图 3-2-79）

图 3-2-77

图 3-2-78

16. 右格手勾挂羊蹄手

身体向左拧转，右关盘手向左格挡，然后变勾手向右裹身外挂，左手，左脚向前落步，身体向左拧转，以腰带臂，右羊蹄手向左前方击打。（图 3-2-80～图 3-2-84）

图 3-2-79

图 3-2-80

图 3-2-81

图 3-2-82

图 3-2-83

图 3-2-84

17.收式

双手在体前舞花一周，然后收左脚向右并步靠拢，右手向上方举起，右手立掌下落至胸前，左手握拳收于背后，成峨眉抱拳礼收式。（图 3-2-85～图 3-2-87）

图 3-2-85

图 3-2-86

图 3-2-87

三、峨眉柔推术对练

1.上右脚正搭手

二人以峨眉拳礼相对站立开始，双方左脚侧开 45°。（图 3-2-88）

双方右脚迈上一步，右手掌心向后由体侧向前与对手相交。（图 3-2-89）

图 3-2-88

图 3-2-89

2.甲方蹬劲,乙方掤劲

甲方右掌心向前,劳宫穴露出对方手腕,重心前压带动前手臂向对方压去。乙方以引劲坐髋相抗。(图 3-2-90)

3.乙方变引劲为捋座劲、甲方变蹬劲为掤劲

当甲方推力快到尽头时,乙方变引劲为捋座劲,这时甲方应右手旋外掌心翻向后方变蹬劲为掤劲。乙方只能重心前压变为蹬按劲。(图 3-2-91)

图 3-2-90

图 3-2-91

4.甲方变掤劲为引捋劲,乙方变蹬按劲为掤劲

当乙方按来的瞬间甲方掤住他手腕内旋滚动引化掉来势,然后坐髋转腰翻掌将对方来力由正化斜。一旦甲方的掌心翻至向前并劳宫穴露出乙方手腕上方时,即重心前压向乙方推去。(图 3-2-92～图 3-2-94)

图 3-2-92

图 3-2-93

5.进步左架蹬挒引坐

上动不停，当乙方后引时甲方借前推之势向前进左脚，乙方退右脚以左手与甲方左手相搭。（图 3-2-95、图 3-2-96）

图 3-2-94

图 3-2-95

甲方重心前压带动前手臂向乙方压去。乙方以引劲坐髋相抗。甲方蹬劲前压，乙方挒劲后退。（图 3-2-97、图 3-2-98）

图 3-2-96

图 3-2-97

当甲方推力快到尽头时，乙方变引劲为捋坐劲，这时甲方应右手旋外掌心翻向后方变蹬劲为挒劲。乙方捋不动变为蹬推劲，甲方左臂旋内上引。（图 3-2-99、图 3-2-100）

图 3-2-98

图 3-2-99

甲方挒住乙方，手腕内旋滚动引化掉来势，然后坐髋转腰翻掌将对方来力由正化斜，乙方变挒劲，甲方变蹬劲。（图 3-2-101）

图 3-2-100

图 3-2-101

以上动作可反复循环，作为一个组合来练习，熟悉以后再练下一节。

注意在练习的过程中我们要求用手沾住对方去感受对方的来力和方向，他进多少我退多少，当对方推到我快失重的时候我向右坐髋把来势化为斜方，然后身体蹬起慢慢向对方的重心压去，当对方把己方力量化掉以后，己方就不能再跟过去了，跟过去就会失重了。这个时候我就用手反沾住他掤住他，对方来力的时候我一边退，同时坐髋翻掌将对方来力化掉然后反推。注意在反推的时候劳宫穴一定要露出，压对方的腕上面重心前压。

6. 平圆格挡冲拳

上动不停，乙方掤住甲方的左按掌，肘关节下沉左腕外翻，变守为攻，再上右脚，甲方左脚同时后退。（图 3-2-102～图 3-2-104）

图 3-2-102

图 3-2-103

乙方右直拳击胸，甲方竖右臂格挡乙方右冲拳。（图 3-2-105）

图 3-2-104

图 3-2-105

注意:这个时候由于乙方来的是一条直线,甲方的防守可以是抓,也可以是压,可以是格挡,但如果采用抓的方法,乙方高一点有可能打到甲方头部,低一点打到甲方胸部,防守成功可能性就比较小。反之如果把手竖起来,乙方冲拳形成的直线和甲方格档手臂形成的竖线就可能有多点相交,这就使甲方防守的成功机率大了很多。

乙方身体向右拧转,以左冲拳击胸,甲方可手形不变,只需身体向右拧转即可将乙方来拳格于体外。(图 3-2-105、图 3-2-106)

7. 甲方右直拳反攻,乙方竖右臂格挡

甲方利用手臂在乙方内侧的优势右掌变拳反攻,乙方身体随着甲方来力方向左转,同时竖右臂格挡,就能很容易地把甲方的攻势化为零。这就是平圆格档的要领。在这个运动的过程中要注意一定不要运动的幅度太大,自己的手刚好能把对方拳化到身旁就行。(图 3-2-107)

图 3-2-106

图 3-2-107

8. 乙方平圆格挡冲拳

乙方退步,甲方进步左拳击头,乙身体右转,竖左臂将甲方左拳格于体外。甲方收左手发右冲拳击头,乙方手形不变,仅需身体向左拧转即可将来拳格于体外。(图 3-2-108、图 3-2-109)

图 3-2-108

图 3-2-109

乙方利用手在甲身体内侧的优势,回拳反击甲的胸部,甲方竖左臂将来拳格于体外。(图 3-2-110)

9. 立圆搭手

乙方借冲拳之势向前进步，甲方退步右手掌心向内与乙方搭手。（图 3-2-111、图 3-2-112）

图 3-2-110

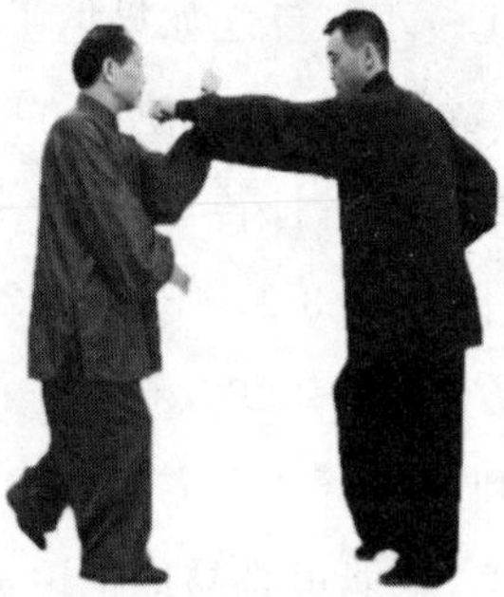
图 3-2-111

10. 乙方斜按劲、甲方下捋劲

轻搭手以后乙方以腿领臂向甲方的重心压过去，甲方下捋并转腰坐髋方能将乙方的攻势由正化斜，将乙方的右手引向自已身体的斜下方。（图 3-2-113）

图 3-2-112

图 3-2-113

11. 甲方转髋下按劲、乙方下捋斜上按

此时乙方继续前按必失重心，甲方顺势可转腰送臂向乙方的的髋关节处逼去，此时乙方亦应该坐髋转腰用掌将来力引至身体斜下方。甲方在向乙方髋关节压过去的时候应该用手背轻轻沾住乙方的手背，用脚根劲向乙方的髋关节压去。如果乙方这时没有坐髋就可能重心丧失，坐髋方可以把甲方的来劲化掉，到这个地方甲方亦不要再追进去了。乙方就可顺势引甲方的手向上，乙方一旦引甲方手向上，即可再向前斜按。（图 3-2-114、图 3-2-115）

图 3-2-114

图 3-2-115

12. 右手反方向立圆柔推

甲方在将乙方劲化掉后可做反方向练习，重心前压乙方顺捋，然后乙方坐髋沾手反攻，完成反方向立圆柔推。（图 3-2-116、图 3-2-117）

图 3-2-116

图 3-2-117

13. 进步左手立圆柔推

甲方借化劲反推之势左脚提起上步，左手伸出与乙方左手互搭并斜前压，乙方同时退右脚落步。乙方转腰坐髋将甲方的攻势由正化斜，将甲方的左手引向自已身体的斜下方。（图 3-2-118～图 3-2-121）

图 3-2-118

图 3-2-119

图 3-2-120

图 3-2-121

14. 乙方转髋下按劲，甲方下捋斜上按

此时甲方继续前按必失重心，乙方顺势转腰送臂向甲方的的髋关节处逼来，甲方可顺势引乙方的手向上，再反压。乙方一旦引甲方手向上，即可再向前斜按。（图 3-2-122～图 3-2-125）

图 3-2-122

图 3-2-123

图 3-2-124

图 3-2-125

15. 乙方右直拳击胸，甲方竖右臂格挡

乙方进步，甲方左脚退后一步，乙方右拳击胸，甲竖右臂身体微左转格来拳于体左侧。（图 3-2-126、图 3-2-127）

图 3-2-126

图 3-2-127

16.乙方左直拳击肋,甲方沉肘下格

乙方转体用左拳攻击甲方的右肋部,甲方坐髋沉肘,用右肘尖将来拳格于体外下方。(图 3-2-128)

17.甲方右直拳反攻,乙方竖右臂格挡

甲方利用右手在对方内侧的优势用右拳直击对方的头部,乙方身体左转竖右臂盘手将甲方拳格于身体左外侧。(图 3-2-129)

图 3-2-128

图 3-2-129

18.甲方左直拳击肋,乙方沉肘下格

此时甲方可左脚向前进步发左拳攻击乙方的右肋部,乙方退步坐髋沉肘,用右肘尖将来拳格于腹部下方。(图 3-2-130)

19.进步八字柔推搭手

甲方退左脚,乙方进右脚上前用右手轻轻沾住甲方右手。乙方前压,甲方沾住后捋。(图 3-2-131、图 3-2-132)

20.甲方下按劲,乙方斜捋劲

图 3-2-130

图 3-2-131

甲方右手翻掌向下向乙方重心压去,乙方坐髋身体右拧并同时右臂旋外掌心向上将甲方的按劲化于身体外侧。此时甲方前压之劲一旦被化掉重心就不能再向前了,此时向前就有前仆之虞。(图 3-2-133、图 3-2-134)

图 3-2-132

图 3-2-133

21. 乙方前按劲，甲方顺捋劲

此时乙方可利用手臂在甲方之上的优势，翻掌攻击甲的上部，甲方则应以掌随之而动。此时甲方在反沾乙方掌心向上的同时坐髋身体右拧把对乙方的来劲化掉。（图 3-2-135、图 3-2-136）

图 3-2-134

图 3-2-135

22. 甲方翻掌下按劲，乙方翻掌斜捋劲

甲方引乙方按手向上，再右手翻掌向下重心前压，乙方坐髋身体右拧并同时右臂旋外掌心向上将甲方的按劲化于身体外侧。（图 3-2-137、图 3-2-138）

图 3-2-136

图 3-2-137

23. 左八字柔推搭手

甲方进步以左手上前与乙方左手互搭，再引乙方手向上。（图 3-2-139）

24. 甲方左手下按劲，乙方左手斜捋劲

甲方翻掌向下重心前压，乙方坐髋身体左拧并同时左臂旋外掌心向上将甲方的按劲化于身体外侧。再引甲方按手向上。（图 3-2-140～图 3-2-141）

图 3-2-138

图 3-2-139

图 3-2-140

图 3-2-141

25.乙方按劲,甲方斜捋劲

乙方一旦引甲方手向上,即可再向前斜按,甲方转腰坐髋化解乙方的攻势。此时甲方可利用手臂在乙方之上的优势,进步翻掌攻击乙方。(图 3-2-143～3-2-144)

乙方坐髋化解甲方前按之势。(图 3-2-145)

图 3-2-142

图 3-2-143

图 3-2-144

图 3-2-145

26.乙方左拳击头，甲方转身关格勾手下挂

乙方化解后左拳击胸，甲方退左脚，身体左转，右臂垂肘竖臂将来拳格于身体右外侧，再顺势勾手将乙方手臂向下外方牵挂。（图 3-2-146、图 3-2-147）

图 3-2-146

图 3-2-147

27.甲方左羊蹄击肋，乙方裹肘斜格

甲方利用此时其右臂在乙身体内侧的优势身体微右转，右臂旋内用羊蹄肘攻击乙方的腹部，乙方身体左拧，左臂内旋将来拳格开。（图 3-2-148）

28.甲方左拳击头，乙方拍肘勾挂

甲方左拳击头，乙方身体左拧竖右前臂向内向格挡来拳，再变勾手搭住来拳手腕向外勾牵。（图 3-2-149、图 3-2-150）

图 3-2-148

图 3-2-149

29.乙方左羊蹄击肋，甲方裹肘斜格

乙方此时利用其左臂在甲身体内侧的优势，身体微右转左臂旋内用羊蹄肘攻击甲方的腹部，甲方身体右拧，左臂内旋将来拳格开。（图 3-2-151）

图 3-2-150

图 3-2-151

30.收式

甲方收右脚,乙方收左脚成立正姿式,双方右手由体侧向上举到头顶,左手握拳于身后,再曲肘竖掌下落于胸前,互行峨眉拳礼收式。(图 3-2-152、图 3-2-153)

图 3-2-152

图 3-2-153

四、峨眉柔推术应用法

1.顺手牵羊

现在为大家介绍平圆柔推术的柔性实用方法,第一个动作顺手牵羊,顺手牵羊的要领是当对方来力比较猛的那一瞬间,右手先用掤劲掤住对方,使他更加力于我,这时我迅速坐髋松肘,用右手采住他的手腕,左手协同采他手臂,顺着他的来势往下往后牵扯使对方摔出。(图 3-2-154～图 3-2-156)

图 3-2-154

图 3-2-155

2.顺水推舟

顺水推舟的要领是当单推手中我坐髋化劲对方转为掤劲防守的时候,当对方回守的时候我顺着他的收势进身,注意进身的时候手上一定不能带劲,以免对方发现己方企图,一旦曲肘进身完成,立即顺势蹬地转腰发劲将对方推出。(图 3-2-157～图 3-2-159)

图 3-2-156

图 3-2-157

图 3-2-158

图 3-2-159

3. 托梁换柱

当对方压过来的时候，我右手顺牵他腕，左手顺手把他的肘关节抬起，右手再接握他的腋下，左手下移至他肋部，双手往上反推对方腋下和肋部，双手借蹬地的力量把对方向后抛起。（图 3-2-160～图 3-2-164）

图 3-2-160

图 3-2-161

图 3-2-162

图 3-2-163

4.引化勾踢

当对方力来的时候我在引化的过程中用另一手接握他的手臂然后右脚尖外摆 45°,左脚脚尖勾起向前向右铲动他的支撑腿,使对方倒地。(图 3-2-165～图 3-2-169)

图 3-2-164

图 3-2-165

图 3-2-166

图 3-2-167

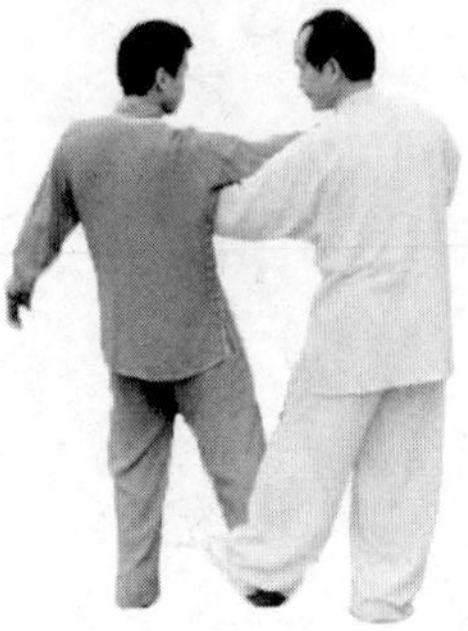
图 3-2-168

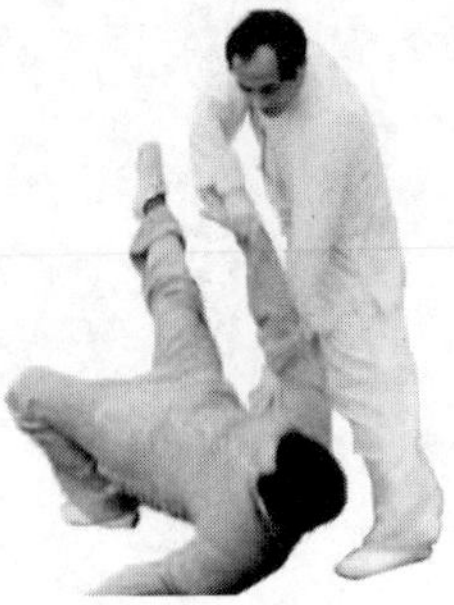
图 3-2-169

5. 拐肘别颈

要完成拐肘别颈的动作首先要完成卷腕拐肘，然后再从拐肘过渡到别颈。要领是当对方推来的瞬间，先用右手掤住对方，并向后坐髋化解来劲，然后自己的左手拍握他的虎口侧，再顺着他推力旋转的姿势，己方左手拇指顶压反卷他的手掌，右肘协同推压他的掌背。这时身体向左方旋转就可以使对方失重，但我倒肘向后一拐就能使对方疼痛加巨，此时我可左脚上前一步右手先垂下然后再旋外并从对方手臂弯中上提。最后再用左手反别对方颈部，就可擒住对方。（图 3-2-170～图 3-2-175）

图 3-2-170

图 3-2-171

图 3-2-172

图 3-2-173

图 3-2-174

图 3-2-175

6.采腕顶肘勾头顶鼻

对方向前推来，我先用右手掤住对方，并向后坐髋化解来劲，当对方掌推过来的瞬间我可用右手由下接握对方手腕后拉，右膝由他手臂内侧顶击他的头部，重创对方。（图 3-2-177～图 3-2-180）

图 3-2-176

图 3-2-177

图 3-2-178

图 3-2-179

7.顺牵推肘拍腰压肩

当对方掌推过来的瞬间我一边坐髋引化一边用另一手顺捋对方的肘关节，对方被捋重心前倾必然努力收手，此时我可顺势将他手臂往其胸膛推逼，左手下移至他腰间。身体向左拧转右臂向左下方旋压，左手顶压他腰以防其反旋力被破坏，双手的合力可轻松使对方倒地。（图 3-2-181～3-2-185）

图 3-2-180

图 3-2-181

图 3-2-182

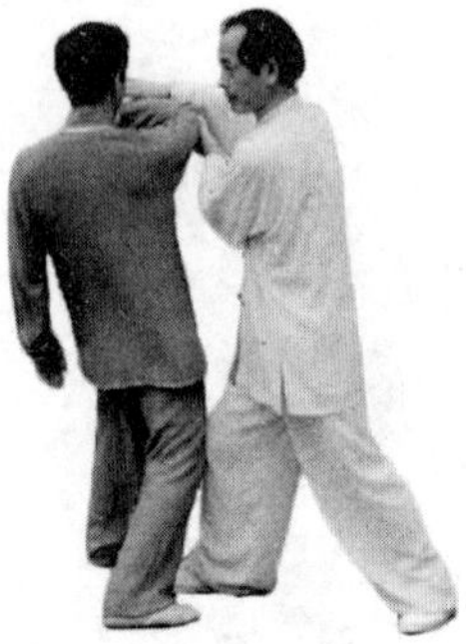

图 3-2-183

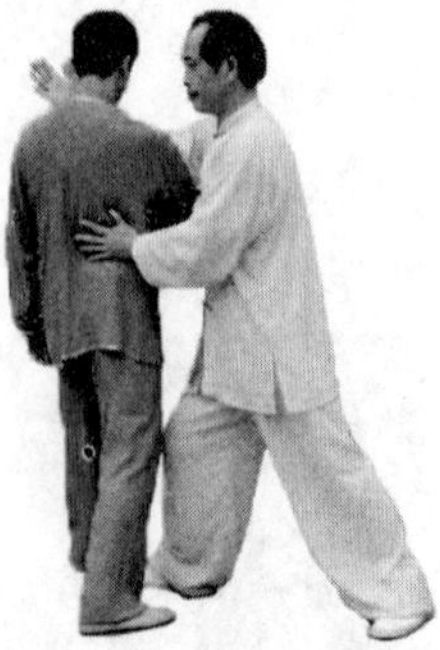

图 3-2-184

图 3-2-185

8. 托肘肩靠法

对方用立圆柔推的方法向我推来时，我右手顺势采腕后牵，左手接握对方肘关节后大臂处。左手托其手臂或肘关节下方，右脚大进一步然后身体前顶，用肩部靠撞对方的胸部使对方后倒。（图 3-2-186～图 3-2-189）

图 3-2-186

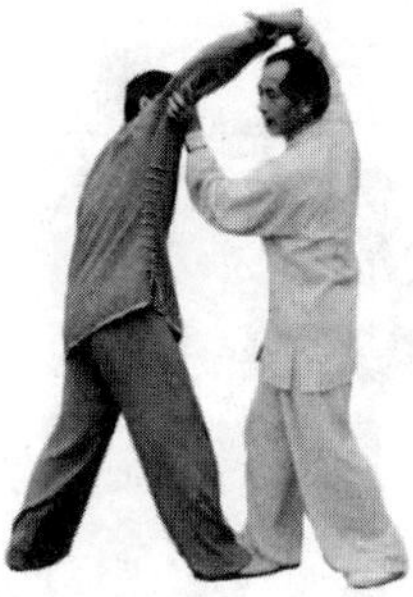

图 3-2-187

图 3-2-188

图 3-2-189

9. 托梁换柱夹颈反摔

与对方推手时当对方手起的时候以左手托住他的肘关节，右手再移至他的腋窝处，左脚大上一步到他身后，左手同时夹住他的颈部。右脚后摆髋关节顶住他的臀部身体向右后旋转，使劲将对方摔倒。（图 3-2-190～图 3-2-195）

图 3-2-190

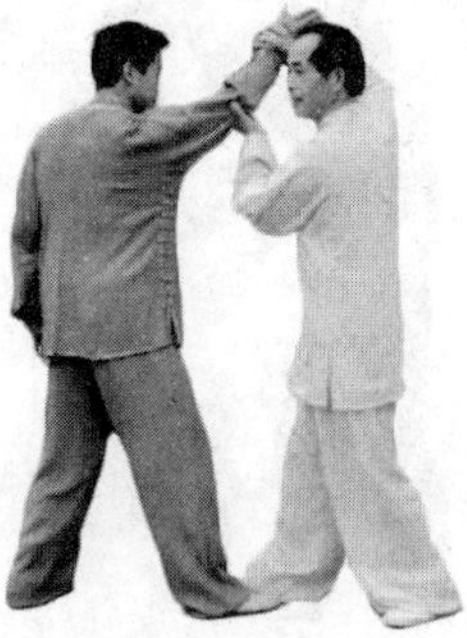

图 3-2-191

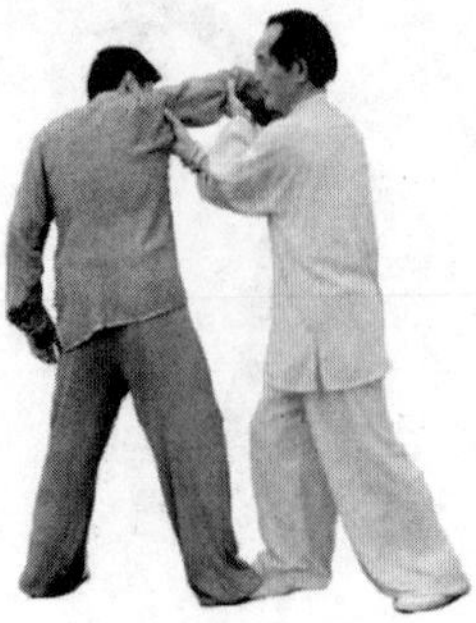

图 3-2-192

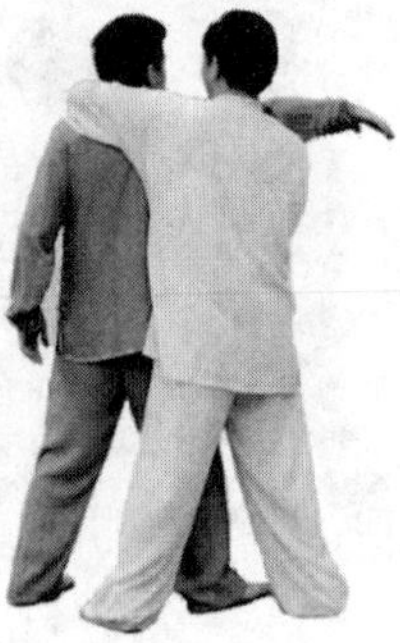

图 3-2-193

图 3-2-194

图 3-2-195

10.托肘搂膝劈头

当对方的手往上的时候顺势托肘，右手从他的内侧压住其面部。左手下移搂住对方膝关节内侧，重心前压右手扑面向前推压，左手搂膝回拉，两手合力左搂右压使对方倒地。（图3-2-196～图 3-2-199）

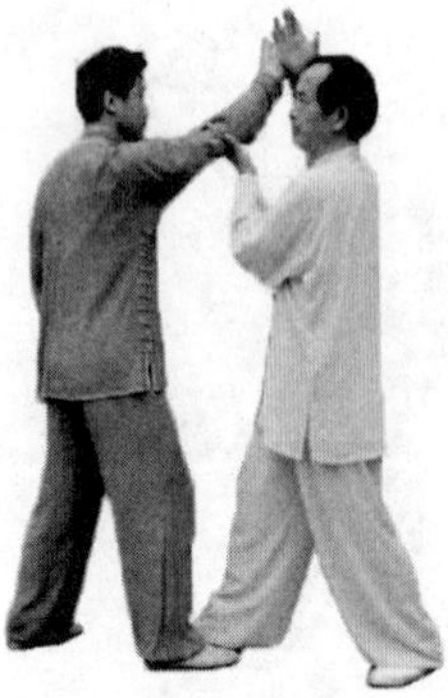

图 3-2-196

图 3-2-197

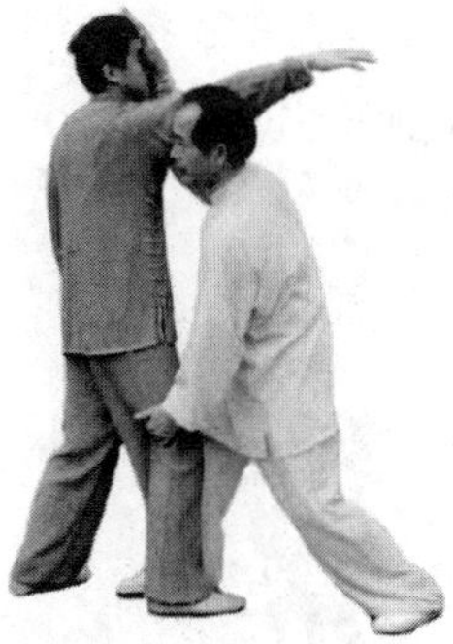

图 3-2-198

图 3-2-199

11.压颈拍腰

我与对方搭手对方向我胸颈部推逼来时，我可重心后移拧腰坐髋，右手反牵对方手腕，左手上托其倒肘，身体前趋右手从他胸前直逼颈部。（图 3-2-200～图 3-2-202）

图 3-2-200

图 3-2-201

左手下移按住其腰身体向左拧转，左手前顶，右臂旋压使对方倒地。（图 3-2-203、图 3-2-204）

图 3-2-202

图 3-2-203

12.压颈踩膝弯(左右脚)

压颈踩腿的要领是当对方手起以后,托住对方的手臂,然后右手搭住对方的颈部,左脚提起用脚掌踩住对方膝弯,身体微向左转上按下踩使对方倒下。(图 3-2-205～图 3-2-207)

图 3-2-204

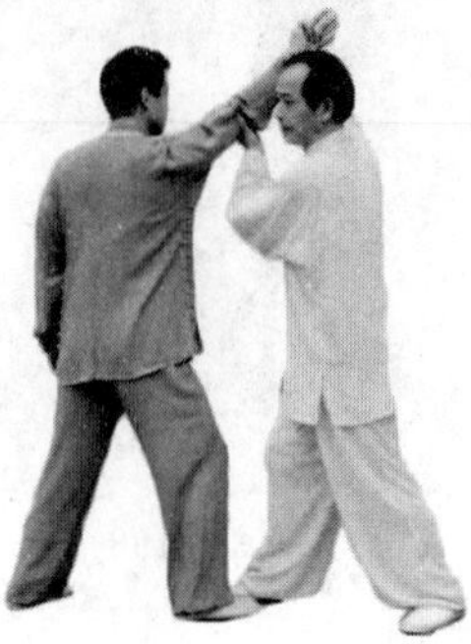

图 3-2-205

图 3-2-206

图 3-2-207

此外亦可用右脚后踩使对方倒地的方法,具体的方法是:我顺对方来势牵托其手臂,左脚上前一步右脚提起下踩他的膝弯,下踩上压合劲使对方摔倒在地。(图 3-2-208～图 3-2-211)

图 3-2-208

图 3-2-209

图 3-2-210

图 3-2-211

13.缠腕术,手臂压卷腕术

缠腕术的要领是当对方八字推手回压的时候,我反手垂肘竖臂搭住对方的手腕。自己的右手上抬抓住对方腕关节内扣,然后下压使其因护疼而下跪。(图 3-2-212～图 3-2-215)

图 3-2-212

图 3-2-213

图 3-2-214

图 3-2-215

手臂压卷腕术的要领是:我在与对方作八字推手时,当对方坐髋回拉刚准备翻腕前逼的瞬间,我应用左手虎口卡抓对方手掌我拇指顶住其掌后,四指抓紧其掌心外搬,右肘抬起协

同旋压，令其手腕被反卷而疼痛难忍。（图 3-2-216～图 3-2-219）

图 3-2-216

图 3-2-217

图 3-2-218

图 3-2-219

14. 压臂扑面掌

对方压来的瞬间，坐髋化劲，同时立腕竖肘克住对方手臂，左手竖肘反格对方肘部，这又叫作“固中节走两翼”，左手顺其收势下压其手臂，腾出右掌猛击对方面部。（图 3-2-220～图 3-2-222）

图 3-2-220

图 3-2-221

图 3-2-222

第三节　三段技术(峨眉砍手)

扫码观看演示视频

峨眉武术的特点是:内修外练、刚柔并济、庄技一体、形神合一。出手指掌当先,身法柔灵步为先,五峰六肘活为先。其中,出手指掌当先就是要最大限度地增加击打压强,以达到在同等力量的情况下实现最大的打击效果,这就像钉子用手按不进墙壁而图钉则可以轻松按进墙壁一样,减小攻击接触面,增加压强对歹徒要害予以攻击来达到以小胜、以弱胜强之目的。为实现这一目的,本节我们运用适合女子的防身技术来进行讲解,男子运用则更加容易和轻松方便。

一、基本形态

(一)静型

1. 手型:小拳、掌、勾、握钥法

小拳:拇指卷曲扣紧,其余四指第一二节卷曲扣紧,掌骨挺直,以第二指节突出面为攻击面。(图 3-3-1、图 3-3-2)

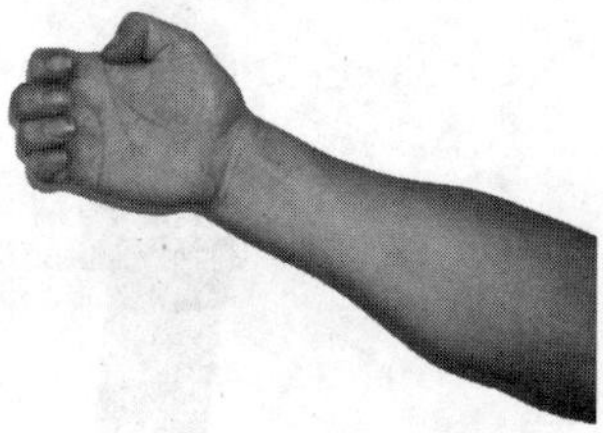

图 3-3-1

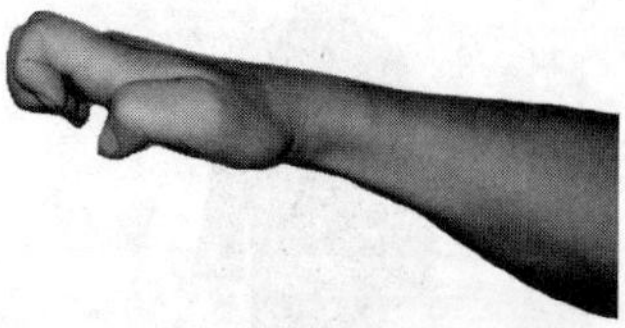

图 3-3-2

掌:五指伸直,大拇指自然展开,以掌心和掌轮为攻击面。(图 3-3-3)

勾:扣腕,五指松撮以食、中指和腕背骨为攻击点。(如 3-3-4)

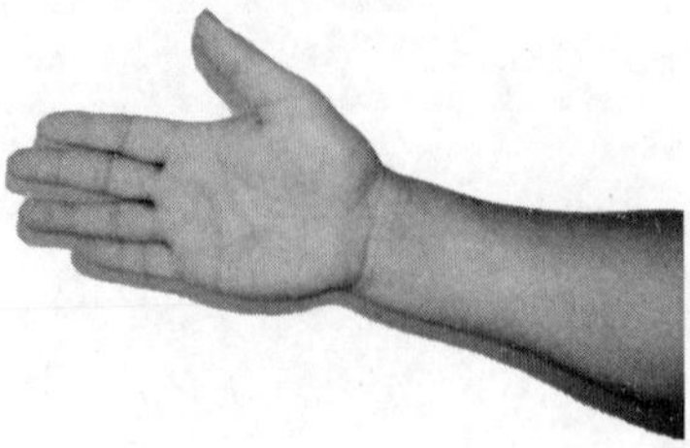

图 3-3-3

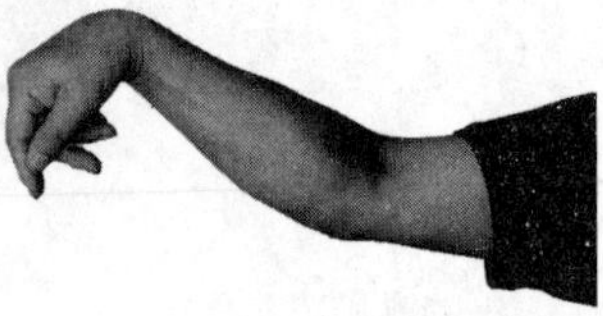

图 3-3-4

握钥法:将随身钥匙分成三叉置于手掌之中,握紧钥匙,以露出拳面的三个钥匙尖为攻击武器用于防身自保。(图 3-3-5、图 3-3-6)

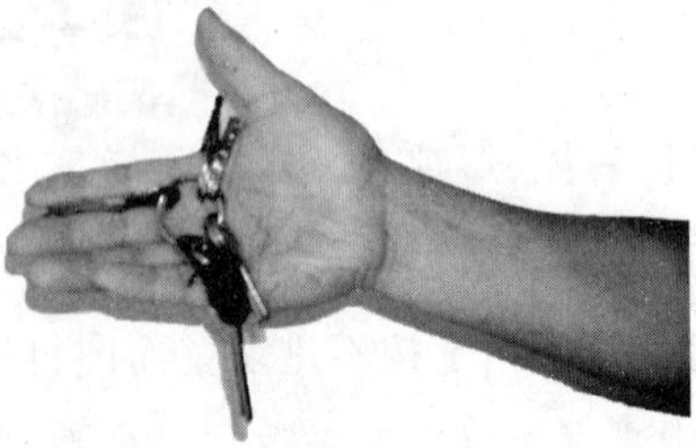

图 3-3-5

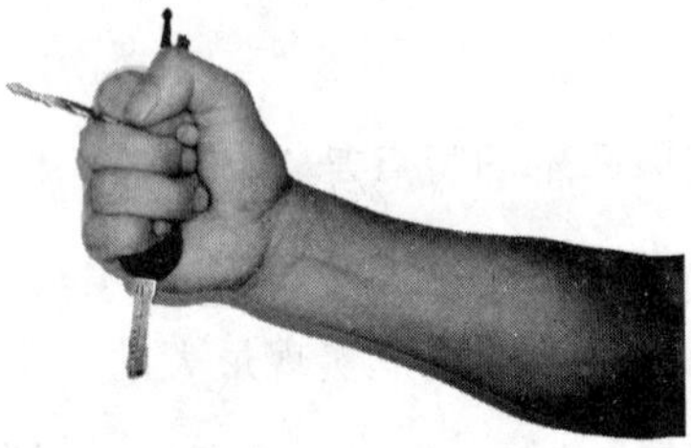

图 3-3-6

2. 身型、步型、实战姿式

为了真正达到防卫自保的目的,首先在实战姿式上就应该有恰当的选择,才能真正的麻痹对方,使其放松警惕,再抓住机会突发奇招,狠狠地攻击对方的要害,才能使其在短时间内丧失侵害能力。

(1)侧身戒备式

从立正姿势开始,左脚或右脚后退一步,下颌收紧,以身体的侧面对敌,这样可在不引起对方警惕的情况下最大限度地保护自身的各个要害部位。(图 3-3-7～图 3-3-9)

图 3-3-7

图 3-3-8

双脚步型的开度以能移动灵活为准，可略宽于肩。

(2)摸耳麻痹式

在遭遇身材高大的不法分子时，为了切实避免自己的面部、颈部和脑部等要害部位遭受伤害，可在侧身戒备式的基础上双手垂肘摸耳，麻痹对方，增大自身的防护面。(图 3-3-10～图 3-3-12)

图 3-3-9

图 3-3-10

图 3-3-11

图 3-3-12

要领：以害怕状摸耳，可以在麻痹对方的情况下最有效地保护好自身的要害。

(二)动态

1.向内格挡法

从立正姿式开始，退右脚，身体微向左拧转，带动右小臂向左格挡。动作完成后退左脚，身体再微向右拧转，带动左前臂向右格挡。(图 3-3-13～图 3-3-15)

图 3-3-13

图 3-3-14

要领:竖肘向内格挡,以横破直,可以有效增大防守面。

2.挂挡下砸法

由立正姿势开始,左脚向左侧开一步,右手曲肘上挂摸耳,动作完成后再以肘尖和小臂为力点向下砸压。(图 3-3-16～3-3-18)

图 3-3-15

图 3-3-16

图 3-3-17

图 3-3-18

左手挂挡姿势如下,右脚向右侧开一步,左手曲肘上挂摸耳,动作完成后再以肘尖和小臂为力点向下砸压。(图 3-3-19～图 3-3-21)

图 3-3-19

图 3-3-20

要领:注意上挂下砸时幅度不能太大。

3.侧闪防御法

由立正姿式开始,重心迅速左移,左脚向左开一步,身体向左侧闪。(图 3-3-22、图 3-3-23)

图 3-3-21

图 3-3-22

向右侧闪时仍然由立正姿式开始,重心迅速右移,右脚向右侧开一步,身体向右侧闪。(图 3-3-24、图 3-3-25)

图 3-3-23

图 3-3-24

要领:注意实战中侧闪的时机,必须控制在对方拳即将打到身上之时才行动。

4.后闪防御法

身体后退一步加大与对方的距离。(图 3-3-26、图 3-3-27)

图 3-3-25

图 3-3-26

向左后闪的要领与向右后闪一样。(图 3-3-28、图 3-3-29)

图 3-3-27

图 3-3-28

5.潜闪防守法

潜闪防守法主要用于防对方的摆拳击头,训练时要求迅速下蹲,头部往对方的腋窝下躲,防右摆拳时。(图 3-3-30、图 3-3-31)

图 3-3-29

图 3-3-30

防左摆拳时。动作完成后恢复立正姿式。(图 3-3-32～图 3-3-34)

图 3-3-31

图 3-3-32

图 3-3-33

图 3-3-34

要领:注意所有的闪躲性防守都必须在对方拳即将打到身上之时才能突然变化运用,提前落后都有危险,这种时机的把握最好与同伴配合,反复练习。

6.戳掌

根据力学原理我们知道,在同等力量的情况下,攻击强度与速度成正比而与接触面积成反比,也就是说,速度越快,攻击强度越大,接触面积越小,攻击强度越大。这就是为什么用手不能将钉子按进墙壁而能很轻松地将图钉按入墙壁的原因。根据这个原理,我们为柔弱女子选择了五指并拢,用指尖戳击对方要害的攻击方式,和用小拳,即扣紧指关节前端,用第三指节突出面攻击对方要害的攻击方式。(图 3-3-35～图 3-3-39)

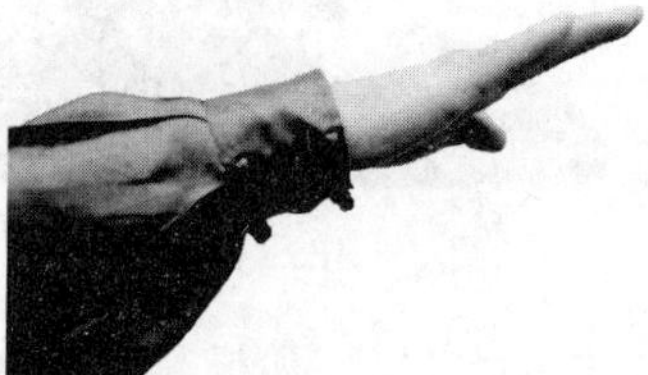
图 3-3-35

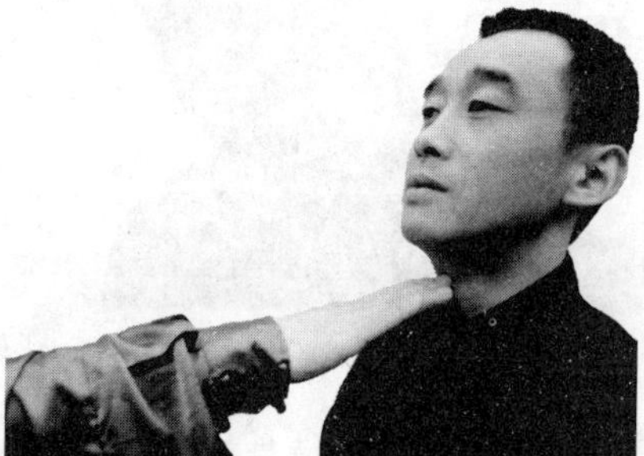
图 3-3-36

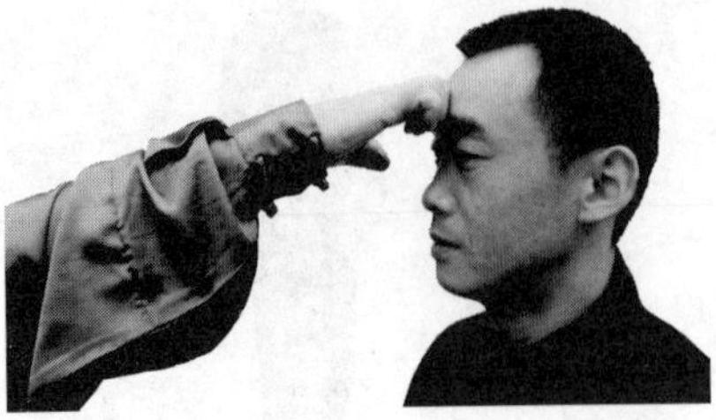

图 3-3-37

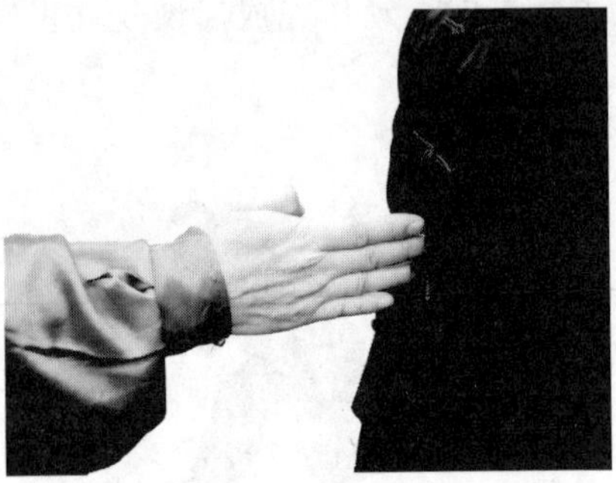

图 3-3-38

戳掌的基本方法：五指并紧，小臂由曲到伸，充分运用后脚蹬地，拧腰转髋，肩催肘，肘催手的整体力量，看准对方要害进行攻击。

注意事项：在具体的练习和使用中一定要并紧五指，以增强柔弱指的抗折能力，攻击的部位也一定是歹徒眼睛、咽喉、心窝、软肋等薄弱的要害部位。

7. 砍掌

主要运用拧腰转肩带动小臂作由上到下的斜向劈砍动作，以掌外侧沿砍击对方颈项、耳根等要害。（图 3-3-40～图 3-3-42）

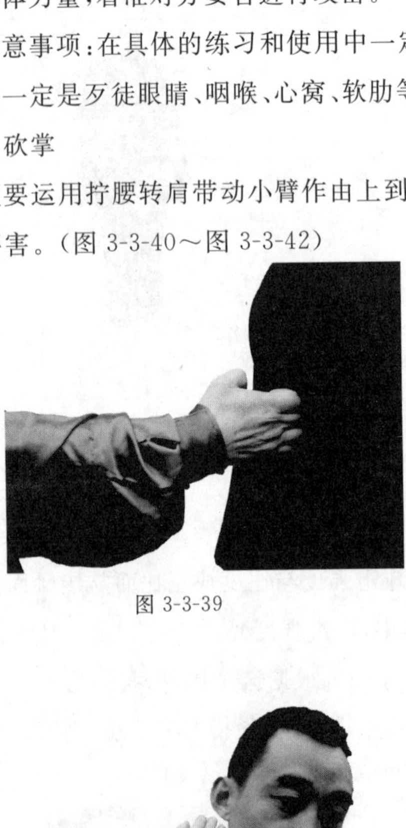

图 3-3-39

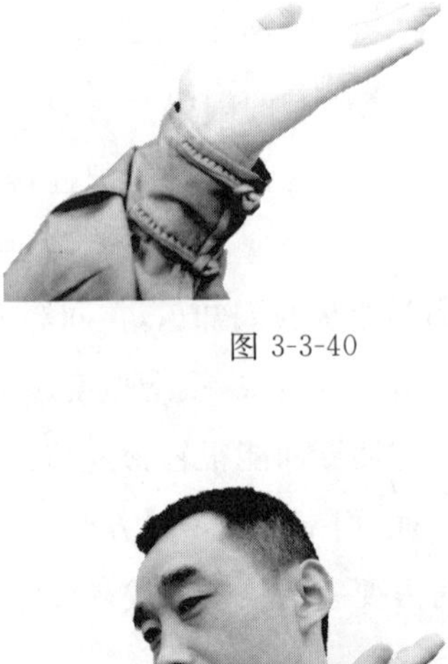

图 3-3-40

图 3-3-41

图 3-3-42

要领：拧腰转肩并掌，借身体拧转之劲以掌外侧沿砍击对方颈项、耳根等要害。

8. 掮掌

掌心微凹处为力点，借转腰挥臂之力掮击对方耳门、后脑等要害使其耳鸣、眩晕。（图 3-

3-43、图 3-3-44)

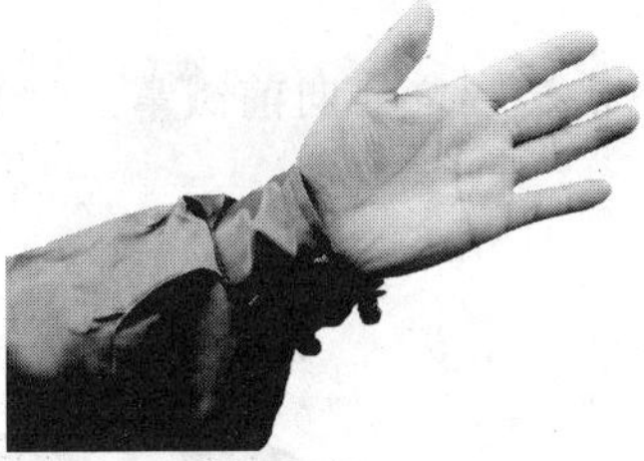

图 3-3-43

图 3-3-44

9.横拦掌

直臂掌心向下,以肩领臂,用挠骨内侧挠腕骨拦击对方咽喉、颈脖等要害。(图 3-3-45、图 3-3-46)

图 3-3-45

图 3-3-46

二、峨眉砍手套路(三段技术套路)

1.峨眉拳礼起式

身体挺直立正站立,两手自然下垂,指尖对裤缝,顶头收颌目视正前方。右手由体侧划弧形向上,至头顶时立掌下落于胸前,左手握拳置于腰后,行峨眉拳礼。(图 3-3-47、图 3-3-48)

图 3-3-47

图 3-3-48

2. 左戳掌

左脚向左侧前方迈出一步，左拳变掌借右脚蹬地之势向前戳掌。(图 3-3-49)

3. 右戳掌

身体向左拧转左手向左腰处收回，右手掌心向下借转腰之势向前戳掌。(图 3-3-50)

图 3-3-49

图 3-3-50

4. 右挂挡

身体向右拧转，重心后移成右横裆步，右手内旋上挂至头侧，左手曲肘仰掌，指尖朝前。(图 3-3-51)

5. 左抡劈掌

上动不停，身体向右拧转，左手随身体左右拧转之势先向下再向左向上，向前反手抡劈一周。(图 3-3-52)

图 3-3-51

图 3-3-52

6. 右劈掌

右手借左手抡劈的动势向前下方劈掌，收于左腰前，右腿略下跪内扣。(图 3-3-53)

7. 左右砍掌

右脚向前方斜进一步成右虚步，右掌外旋上提，左肘同时上顶。重心前移，右手下挂成右弓步，左手借身体向右拧转之势向前砍掌，身体向左拧转左手内旋下挂，右掌借身体向左

拧转之势向左前方砍击。(图 3-3-54～图 3-3-56)

图 3-3-53

图 3-3-54

图 3-3-55

图 3-3-56

8. 左捎掌

左脚上前一大步成左弓步,左手向前捎掌。(图 3-3-57)

9. 右捎掌

身体向左拧转,右手借身体向左拧转之势向前捎掌。(图 3-3-58)

图 3-3-57

图 3-3-58

10. 左横拦

右脚上前一步，左前臂桡腕骨借身体向右拧转之势向前横拦。（图 3-3-59）

11. 右横拦

身体向左拧转，右前臂以桡腕骨为力点借身体向左拧转之势向前横拦。（图 3-3-60）

图 3-3-59

图 3-3-60

12. 左抄拳

右脚前踏半步，右臂先外旋再下沉收于腰间，左掌变抄拳借左脚蹬地顶髋之势向前抄击。（图 3-3-61）

13. 右抄拳

重心前起左脚跟进半步，左臂先内旋再下沉外挂，右抄拳借右脚蹬地顶髋之势向前抄击。（图 3-3-62）

图 3-3-61

图 3-3-62

14. 左冲拳

身体向左拧转，左拳借右脚蹬地转腰之势向前旋臂发出，拳心向下，力达拳面。（图 3-3-63）

15. 右冲拳

身体微左转，右拳借右脚碾转蹬地，转腰合胯，肩催肘，肘催手之力，内旋发力于拳面。（图 3-3-64）

图 3-3-63

图 3-3-64

16.潜闪直拳反击

身体下潜右闪，重心向前移，右下冲拳借右脚蹬地之势向前攻击。（图 3-3-65、图 3-3-66）

图 3-3-65

图 3-3-66

右冲拳发出后，迅速撑起身体向右拧转，左肘抬平向右贯击。（图 3-3-67）

17.右抄拳

身体向左拧转，左臂垂肘夹臂护于下颌外侧，右抄拳借右脚蹬碾地面，髋关节上翻之力向上顶击。（3-3-68）

图 3-3-67

图 3-3-68

18.左抄拳

身体向右拧转，右手垂肘夹臂护于下颌外侧，左抄拳借左脚蹬碾地面，髋关节上翻之力向上顶击。（图 3-3-69）

19.潜闪摆拳反击

身体迅速下蹲，重心右移，左摆拳借左脚蹬地转腰之势向右摆击。身体起立，右手经体侧划弧形向上，至头顶时立掌下落于胸前，左手握拳置于腰后，行峨眉拳礼。（图 3-3-70、图 3-3-71）

图 3-3-69

图 3-3-70

20.右格挡

图 3-3-71

图 3-3-72

21.左格挡（后半段）

右脚向前进一步，右手外挂收回，左手向右格挡。（图 3-3-73）

22.左劈掌

左脚上前成左弓步，左掌借身体前压之势向前反劈掌，掌心向下，掌跟朝前。（图 3-3-74）

图 3-3-73

图 3-3-74

23. 右格挡

身体向左拧转，左手借重心右后移之势向后上方回拉，右手曲臂竖小臂向前格挡。（图 3-3-75）

24. 左侧闪

重心后移，左脚向左侧摆半步，身体向右侧偏闪。（图 3-3-76）

图 3-3-75

图 3-3-76

25. 后退闪

左脚后退一步，身体向后闪。（图 3-3-77）

26. 右上挂

重心下降成右弓步，右手曲肘上挂。（图 3-3-78）

图 3-3-77

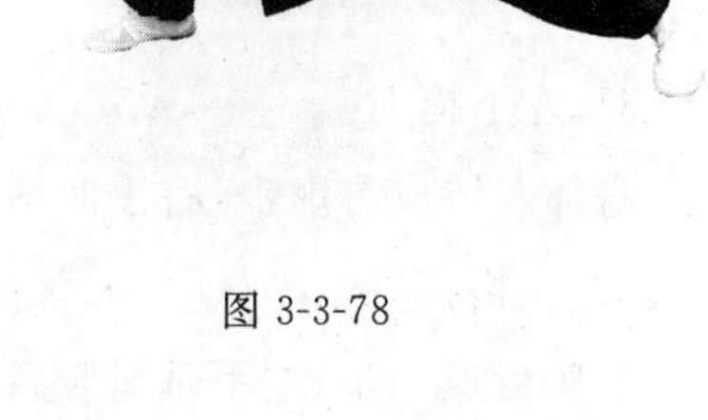

图 3-3-78

27. 左上挂

右脚后退一步成左弓步，右手下落，左手曲肘上挂。（图 3-3-79）

28. 摸耳右转

左脚后摆右脚跟，双手曲肘摸耳向左转防守。（图 3-3-80）

图 3-3-79

图 3-3-80

29. 摸耳左转

右脚后摆左脚跟，双手曲肘摸耳向右防守。（图 3-3-81）

30. 右下掩肘

左脚后退一步成右弓步，左手曲肘竖臂向右前下方掩肘防守。（图 3-3-82）

图 3-3-81

图 3-3-82

31. 左下掩肘

身体左转成右虚步，右手曲肘竖臂向左前下方掩肘防守。（图 3-3-83）

32. 左格挡

右脚后退一步，左手垂肘竖臂向右推挡。（图 3-3-84）

图 3-3-83

图 3-3-84

33.左拍压臂右摆拳

上动不停，左手借格挡之势内旋继续向下压拍，右摆拳随身体向左拧转摆拳击头。（图 3-3-85）

34.右上挂挡左抄拳

右摆拳完成后迅速外旋臂向上挂挡，身体向右拧转成右左步，左抄拳借拧腰转胯，蹬地顶髋之劲向右上方螺旋发出。（图 3-3-86、图 3-3-87）

图 3-3-85

图 3-3-86

35.右掩肘

身体含胸向左拧转，右臂曲肘同时向左下方推压。（图 3-3-88）

图 3-3-87

图 3-3-88

36.右下压带左摆拳

右前臂内旋伸手下压，然后下挂收于腰侧，身体向右拧转，左摆拳借转腰蹬地之势向前摆击。（图 3-3-89、图 3-3-90）

图 3-3-89

图 3-3-90

37.左下挂收式

左拳变掌内旋下挂。然后退步并脚，双手弧形向前，右手握拳置于左掌虎口内侧前推，行抱拳礼。（图 3-3-91）

图 3-3-91

三、峨眉砍手的技术用法

（一）防守技术应用

1.向内格挡法

（1）右格左冲拳：练习时首先与对手互行抱拳礼，对方左冲拳击头，可曲右肘，用小臂以横破直向内格挡来拳。（图 3-3-92～图 3-3-94）

图 3-3-92

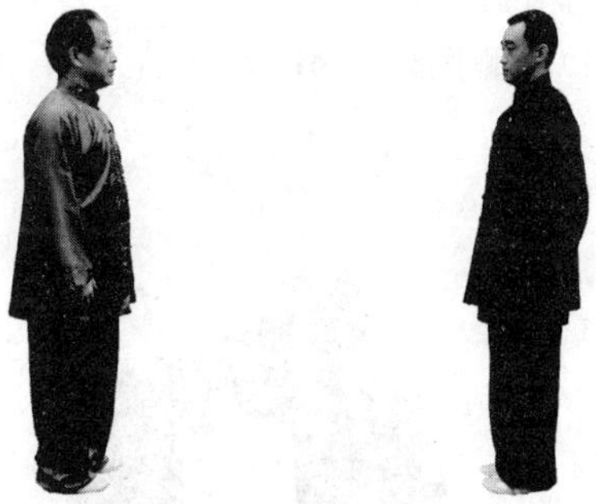

图 3-3-93

(2)左格右冲拳:对方右冲拳击头,则可身体微向右拧转,曲右肘,竖右前臂向内格挡对方左臂外侧。(图 3-3-95)

图 3-3-94

图 3-3-95

要点:竖小臂以横破直能增大自身的防守面,但要注意控制运动幅度,以使来拳擦身而过为最佳。

2. 向上挂挡

对方右冲拳击头,可由下向上作摸耳式挂挡来拳。对方右直拳或摆拳击头时则用左手向上挂挡。(图 3-3-96~图 3-3-98)

图 3-3-96

图 3-3-97

3.侧闪防御法

(1)右侧闪防冲拳:对方左冲拳击头,可向右侧闪防,避让来拳。(图 3-3-99、图 3-3-100)

图 3-3-98

图 3-3-99

(2)左侧闪防冲拳:对方右冲拳击头时则可向左侧闪防,让过来拳。(图 3-3-101、图 3-3-102)

图 3-3-100

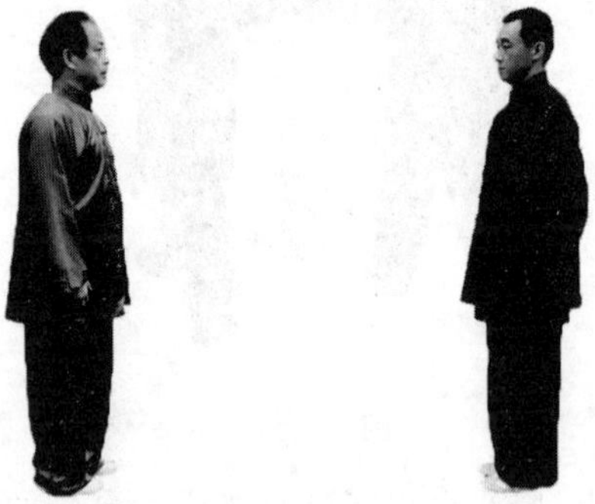

图 3-3-101

4.后闪法

(1)退步仰身后闪:对方右手冲拳击正面时,也可退步仰身后闪使来拳打不到位。(图 3-3-103、图 3-3-104)

图 3-3-102

图 3-3-103

5.潜闪法

(1)潜闪防摆拳:对方左摆拳击头时可迅速下潜,向其左腋窝外躲闪。右摆拳击头时则可迅速下潜,向其右腋窝外躲闪。动作完成后恢复实战姿态。(图 3-3-105～图 3-3-107)

图 3-3-104

图 3-3-105

图 3-3-106

图 3-3-107

图 3-3-108

(二)打法应用技术

1.突发抢攻

不法分子对女性实施侵害前，往往会左右张望，顾及周围有无来人，趁其注意力不集中的瞬间，可突发小拳攻击对方的眉弓或鼻骨泪骨部，使对方眶上神经受到刺激而视力模糊，鼻部酸痛难忍暂时对外界失去判断而赢得迅速脱离现场的宝贵时间。（图 3-3-108 图 3-3-110）

要领：当对方环顾左右时，突然发出攻击。

图 3-3-109

图 3-3-110

2. 挂挡反击

当对方伸手摸脸或抢摘耳环的时候，用摸耳法挂挡防护的同时，身体向侧偏闪，同时迅速地突发戳掌或小拳攻击对方的喉结上方的甲状软骨部或舌骨部，造成对方的呼吸障碍产生剧烈疼痛而短时间丧失战斗力，赢得逃离呼救的宝贵时间。（图 3-3-111、图 3-3-112）

要领：对方发拳攻击头部时，一手挂挡，一手反击对方腹部等要害处。

图 3-3-111

图 3-3-112

3. 切肘反击

当对方在恼怒中扇耳光或用摆拳攻击的时候，可在其向后拉臂预摆的瞬间身体前靠，竖前臂切击其肘弯，用右掌猛戳对方胸骨上窝天突穴或喉头，刺激其迷走神经、膈神经，使其心跳加速呼吸困难，产生剧烈疼痛、恶心等症状，赢得脱离呼救的时间。（图 3-3-113、图 3-3-114）

要领：再对方摆拳后拉预摆的瞬间竖肘前切，同时戳掌反击。

图 3-3-113

图 3-3-114

4.下潜闪反击

在对方快速发摆拳侵害的同时，身体突然下蹲使来拳打空，同时突发右小拳攻击对方中心两肋或肋软骨部，震荡其心脏或令其肝脾受损，使其短时间内丧失侵害能力。（图 3-3-115、图 3-3-116）

要领：在潜闪躲避来拳的同时，发拳攻击对方要害。

图 3-3-115

图 3-3-116

5.戳肋后手劈颈

在对方左右环顾分神的瞬间，前手突然戳击对方软肋，令其手不自觉下防，后手再以掌根猛劈对方颈部要害，使其头眼昏花丧失侵害能力。（图 3-3-117～图 3-3-119）

要领：戳肋使对方本能下格，运用劈掌猛砍对方颈部要害。

图 3-3-117

图 3-3-118

图 3-3-119

6. 抓腕砍颈

对方伸右手手摸脸或抢摘耳环时，双手摸耳式身体向左拧转格开手，左手顺势抓握其手腕，右掌根猛砍对方左颈部，重创对方。（图 3-3-120、图 3-3-122）

要领：防格时顺势抓腕反拉，另一手同时砍颈。

图 3-3-120

图 3-3-121

7. 侧闪捎掌反击

当对方伸左手摸脸或出拳击头的时候，可身体侧闪避开来手，左手捎掌同时攻击对方太阳穴或耳门；对方伸右手摸脸或出拳击头的时候，则可通过身体侧闪避开来手，右手捎掌同时攻击对方太阳穴或耳门，震荡其大脑，造成其视线模糊、眩晕而丧失侵害能力。（图 3-3-123～图 3-3-126）

要领：借转腰挥臂之力，以掌心捎击对方耳门，使其耳鸣、眩晕。

图 3-3-122

图 3-3-123

图 3-3-124

图 3-3-125

8.前切肘,后手掮掌反击

当对方掮耳光或用摆拳攻击的时候,可在其向后拉臂预摆的瞬间身体前靠,竖前臂切击其肘弯,后手掌猛掮对方的耳门听会穴,震荡内耳前庭器,刺激脑神经使其耳鸣晕眩而丧失侵害能力。(图 3-3-127～图 3-3-129)

要领:前切肘使对方刚力无法发出,反掮掌同时掮击耳门要害。

图 3-3-126

图 3-3-127

图 3-3-128

图 3-3-129

9.双拍压臂横拦掌切喉

对方伸右手摸胸，双手摸耳式身体左转，然后双手同时向右拍压来臂，身体前俯，用右臂桡腕骨部从其手臂上方向前横切对方咽喉，重创对方。（图 3-3-130～图 3-3-132）

要领：侧闪、双手拍压来拳手臂，用后手顺对方手臂上方横拦咽喉、颈部。

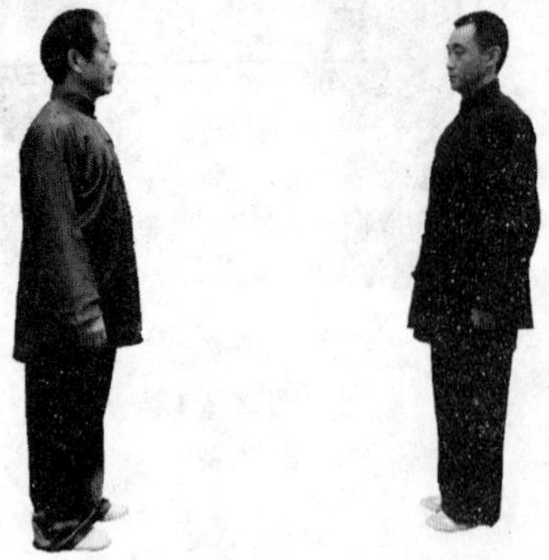

图 3-3-130

图 3-3-131

10.左掩右抄拳

当对方用右抄拳攻击的时候，可身体右拧用左臂掩阻来拳，用右手拳发向上抄击对方心窝或两肋，重创对方。（图 3-3-133～图 3-3-135）

要领：掩肘防格同时以抄拳反击对方腹部。

图 3-3-132

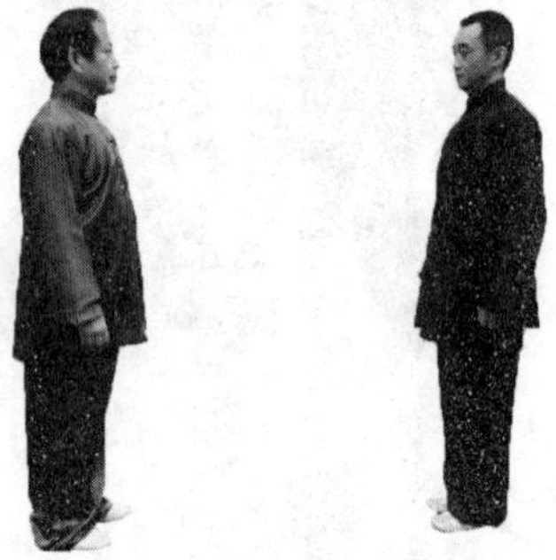

图 3-3-133

图 3-3-134

图 3-3-135

注：握钥匙法是将最长的带尖钥匙夹在食指和中指之间，其余的钥匙分成两组横放在掌心，握紧拳头将钥匙尖露出拳面进行防卫，这样可以大大增强自己的防卫能力。

11. 抄拳防抱腿

当对方身体前俯欲抱腿部，可在他前俯的瞬间，撤后脚，由下向上用握钥匙的手上抄他下颌颊车穴或印堂穴，使对方严重受伤而丧失侵害能力。（图 3-3-136、图 3-3-137）

要领：以抄拳迎击对方向下的颌关节处。

图 3-3-136

图 3-3-137

练习双方在训练结束后应互行抱拳礼。

12. 右挑左崩右劈拳

敌我对峙，当对方冲拳打来的时候我前手臂竖肘回拉，身体微右转，右挑手将来拳格于体外，左拳借右格转身之势猛击对方颜面，不待对方反应立即上步右拳劈打对方左颈部，重创对方。（图 3-3-138～图 3-3-141）

图 3-3-138

图 3-3-139

图 3-3-140

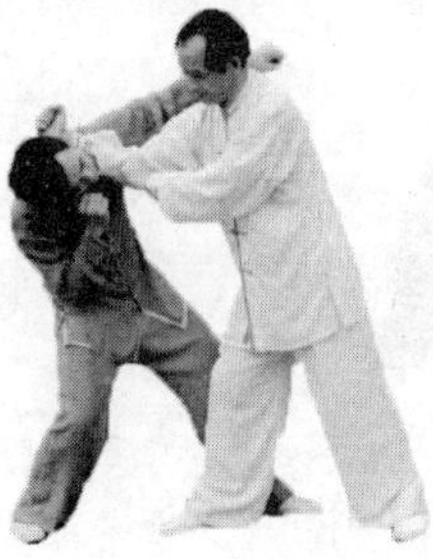

图 3-3-141

13. 左挑右崩左劈拳

敌我对峙，当对方拳来的时候，用左手从内侧挑起防开他的来拳，防开来拳的同时上步攻击对方的腹部心窝。当对方腹痛身体前倾的时候我左劈拳从他体内侧下劈他的颈部。（图 3-3-142～图 3-3-145）

图 3-3-142

图 3-3-143

图 3-3-144

图 3-3-145

14. 上下翻打

敌我对峙，先用右掌引打对方双目，对方必起手来格，不待他格到迅速变招砍击他的肋部。（图 3-3-146～图 3-3-148）

图 3-3-146

图 3-3-147

此时对方若反应迅速也可能向下格挡砍掌，在这种情况下，应用左手顺其势下按对方格挡之手臂，右掌由胸前翻击对方面部，重创对方。（图 3-3-149、图 3-3-150）

图 3-3-148

图 3-3-149

15. 仰掌击面变羊碲肘击下巴

引手击面，对方必起手来格，我待对方刚一起手，立即变劲顺其肘绕弧上提变勾手，用腕关节（俗称羊碲肘）提打对方下颔。（图 3-3-151～图 3-3-153）

图 3-3-150

图 3-3-151

图 3-3-152

图 3-3-153

四、峨眉砍手对练套路

1. 双方互行抱拳礼

甲乙双方成立正姿式相对站立。双方互行峨眉礼。（图 3-3-154、图 3-3-155）

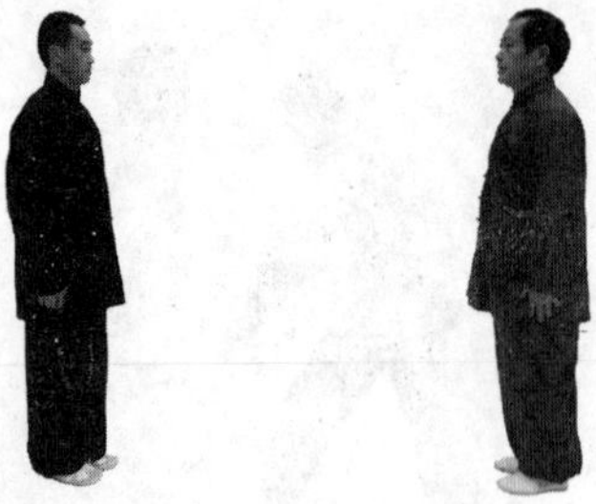

图 3-3-154

图 3-3-155

2. 乙方右戳掌，甲方左格防

乙方左脚大进一步，右戳掌击喉，甲方右脚后退一步，用左手向内拍挡来掌。（图 3-3-150）

3. 乙方左戳掌、甲方右格防

乙方右脚进一步身体向右拧转，左戳掌借蹬地拧腰转胯之势攻击甲方的双目，甲方身体向左拧转，同时用右手向内拍挡乙方来掌。（图 3-3-157）

图 3-3-156

图 3-3-157

4. 甲方左劈掌，乙方右挂防

甲方利用左手在乙方右臂上方的优势向前反劈乙方面部，乙方身体后闪，左手向下压防甲方劈掌。（图 3-3-158）

5. 乙方左抡劈掌，甲方后仰闪

乙方左手向前反抡甲方面部，甲方身体向后仰闪，同时双手向右下挂来掌。（图 3-3-159）

图 3-3-158

图 3-3-159

6.甲方虚步下劈掌，乙方右上挂

甲方身体使乙方劈掌落空后向右拧转，左劈掌攻击乙方面部，乙方回身用右手向上挂挡甲方来掌。（图 3-3-160、图 3-3-161）

图 3-3-160

图 3-3-161

7.乙方左右砍掌，甲方右左格防

乙方身体向右拧转，左砍掌攻击甲方右颈部，甲方右脚后退一步，双手向右格防来掌，乙方身体向左拧转用右砍掌攻击甲方左颈部，甲方左脚后退一步双手向左格防来掌。（图 3-3-162、图 3-3-163）

图 3-3-162

图 3-3-163

8.甲方左搧掌，乙方右上挂防

甲方利用右手在乙方手臂内侧的优势搧掌击面，乙方用左手向上托挂甲方来掌手肘。（图 3-3-164）

9.乙方右冲拳击肋，甲方右下挂防

乙方右脚进一步用右冲拳击肋，甲方收右脚用右手向下反挂乙方来掌手臂。（图 3-3-

165）

图 3-3-164

图 3-3-165

10. 甲方左横拦，乙方左转右格防

甲方左脚上前一步，左横拳攻击乙方右颌部，乙方左脚后退一步，身体向右拧转，右手向外格挡甲方的右横拳。（图 3-3-166）

11. 乙方左抄拳，甲方右下掩肘防

乙方左脚进一步，用左直拳攻击甲方的胸部，甲方左脚后退一步，用右手竖肘向内格阻乙方的左直拳。（图 3-3-167）

图 3-3-166

图 3-3-167

12. 乙方右抄拳，甲方左下掩肘防

乙方右脚进一步，用右勾拳攻击甲方的腹部，甲方右脚后退一步，用左掩肘向下截阻乙方的右勾拳。（图 3-3-168）

13. 甲方右摆拳，乙方下潜

甲方摆拳击头，乙方下潜躲过来拳。（图 3-3-169）

图 3-3-168

图 3-3-169

14. 乙方撑起左平勾拳，甲方右挂挡

乙方身体由甲方右外侧撑起，左平勾拳同时击头，甲方用右手向外挂挡。（图 3-3-170）

15. 乙方进步右勾拳，甲方退步左掩肘

乙方进左脚身体向左拧转，用右抄拳顶击甲方腹部，甲方退左脚身体向右拧转，左手曲臂向下推挡乙方的抄拳。（图 3-3-171）

图 3-3-170

图 3-3-171

16. 乙方左抄拳，甲方右下压带左摆拳

乙方身体向右拧转，用左抄拳击腹，甲方身体向左拧转，用右臂向下推掩并压带来拳，同时左摆拳击头，乙方下潜。（图 3-3-171、图 3-3-172）

图 3-3-172

图 3-3-173

17. 乙方潜闪左鞭拳，甲方左下格

乙方下潜撑起时左鞭拳同时击腹，甲方顺势变摆拳为下挂，防格乙方的左鞭拳。（图 3-3-174）

18. 互行抱拳礼收式

双方退步起立，并步成立正姿势，互行抱拳礼收式。（图 3-3-175）

图 3-3-174

图 3-3-175

（攻防互换）

第四节　四段技术（峨眉脚法）

扫码观看演示视频

在峨眉武术中即讲究一寸小，一寸巧；也讲究一寸长，一寸强。在一些特殊情况下，运用腿比手长的优势，有时也能起到很好的防身自卫效果，故有的拳种讲究“拳是两扇门，全凭腿打人”。不过在实际运用中，可多用低腿，特别是在调动对方注意力的战略战术运用上，往往会收到意想不到的效果。为了弥补运用腿法“起腿半边虚”的不足，在本节中，我们将峨眉武术中的一些实用步法介绍给大家。

一、基本形态

（一）静型

1. 鞭腿脚型

脚背绷紧，以脚背为着力点，将拧腰转胯所产生的动势传递到脚背，攻击对方。（图3-4-1）

2. 蹬腿脚型

以脚后跟为力点，将收腹、提膝、挺髋、股四头肌暴发用力所产生的动势传递到脚跟，攻击对方。（图3-4-2）

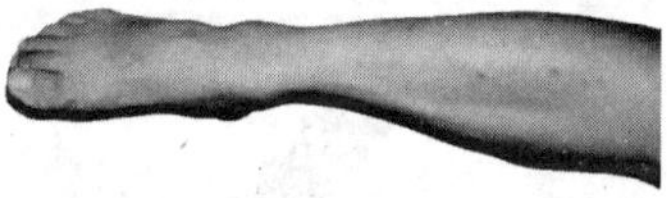

图 3-4-1

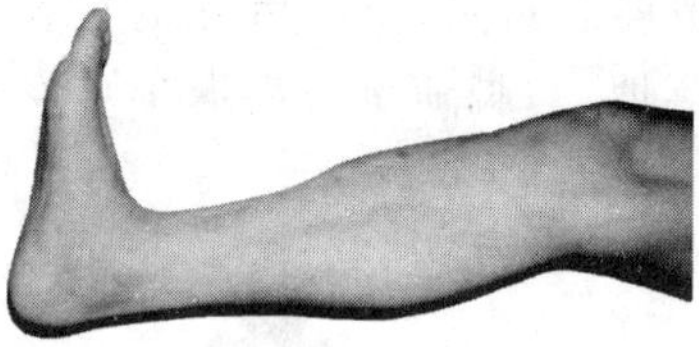

图 3-4-2

3. 踹腿脚型

脚尖勾紧绷脚背，以脚外侧沿为力点，将提膝收腹，再展髋所产生的暴发力传递到脚外侧沿，攻击对方。（图 3-4-3）

4. 常用步型

高虚步：重心前三后七，前脚略虚，是实战中常用的一种步型。（图 3-4-4）

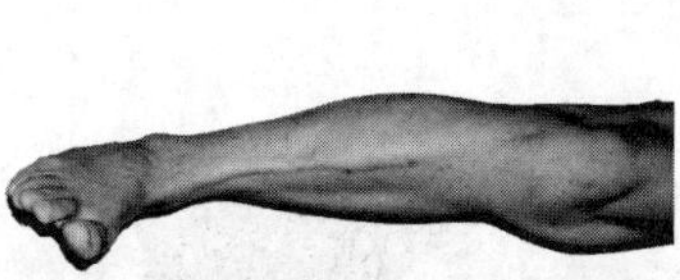

图 3-4-3

图 3-4-4

半马步：又名四六步，重心前四后六，亦为实战中较常用的一种步型。（图 3-4-5）

前点步：双脚略宽于肩，特点是前脚进后脚跟。（图 3-4-6）

图 3-4-5

图 3-4-6

（二）动态

1. 侧踹腿

成实战姿态站立，重心后移提右膝，扣脚以脚外侧沿为力点，展髋向前蹬踹。动作完成后迅速落地，右脚随重心后退半步恢复实战姿态。（图 3-4-7～图 3-4-9）

图 3-4-7

图 3-4-8

2. 前鞭腿

右脚前垫半步，提左膝向右拧腰，绷脚尖、股四头肌爆发用力将小腿向前弹出，力达脚背。（图 3-4-10）

图 3-4-9

图 3-4-10

3. 后鞭腿

由实战姿态开始，身体向右转腰，领髋提左膝绷脚尖，股四头肌爆发用力向前弧形弹踢，力达脚背。动作完成后前脚迅速下落，转腰落脚恢复实战姿态。（图 3-4-11～图 3-4-14）

图 3-4-11

图 3-4-12

图 3-4-13

图 3-4-14

4. 蹬腿

由实战姿态重心前移，收腹提右膝，勾紧脚尖，挺髋，以脚跟领先向前蹬出，动作完成后迅速向后落脚，恢复实战姿态。（图 3-4-15～图 3-4-17）

图 3-4-15

图 3-4-16

图 3-4-17

二、峨眉脚法的基本步法

1. 跟步进退

跟步进退的要领是：前脚进后脚跟，两步之间保持一定距离，步步为营，向前逼近。后退时则后脚退半步，前脚拖回半步。整个动作从立正开始，身体左转，右脚退半步成实战姿态。（图 3-4-18，图 3-4-19）

图 3-4-18

图 3-4-19

左脚前进一步，右脚跟进半步，左脚再前进一步，右脚再跟进半步，两步之间始终保持一定距离，步步为营，向前逼近。（图 3-4-20～图 3-4-23）

图 3-4-20

图 3-4-21

图 3-4-22

图 3-4-23

后退时则先退右脚，前脚再拖回半，前进后退可循环往复练习。（图 3-4-24、图 3-4-25）

图 3-4-24

图 3-4-25

2. 三角步（消摆步）

基本步法由实战姿态开始，重心略下坐，左脚向左横开一步。（图 3-4-26、图 3-4-27）

图 3-4-26

图 3-4-27

右脚先含膝重心左移，再进一步。右脚向右横开一步，左脚先含膝重心右移，再进一步完成一个完整的三角基本步。基本步熟悉后即可配合手练，右脚向右横开一步，重心左移右

腿成跪步，身体左裹，右脚向前上一步，双手成右二排手，右脚跟进半步。（图 3-4-28～图 3-4-34）

图 3-4-28

图 3-4-29

图 3-4-31

图 4-1-32

图 4-1-33

向右时右脚先向右横开一步，重心右移左脚成跪步身体右裹。（图 3-4-35、图 3-4-36）

图 3-4-34

图 3-4-35

左脚上前一步成左虚步，左手前伸。整个三角步可循环反复练习。（图 3-4-37）

图 3-4-36

图 3-4-37

3.六合步

准备动作二排手，左手曲臂前伸，右手曲肘护于左肋，左脚向右前方摆进一步，左手先下挂再弧形前摆。（图 3-4-38、图 3-4-39）

图 3-4-38

图 3-4-39

身体向左拧转，右脚借转髋之力扣上一步，右臂同时由后向前抡劈。右脚向左前方摆进一步，右手先下挂再弧形前摆，身体向右拧转，左脚借转髋之力扣上一步，左臂同时由后向前抡劈掌。（图 3-4-40～图 3-4-42）

图 3-4-40

图 3-4-41

右手向前引击，掌心向前，右脚尖外摆 45°向前摆上一步，身体向左拧转，右脚借转髋之力扣上一步，左臂同时由后向前抡劈掌。（图 3-4-43、图 3-4-44）

图 3-4-42

图 3-4-43

可反复练习，练习完成后可退步成立正姿式，双手自然置于大腿外侧。（图 3-4-45）

图 3-4-44

图 3-4-45

三、峨眉脚法(四段技术套路)

1.峨眉拳礼

身体挺直立正站立,两手自然下垂,指尖对裤缝,顶头收颌目视正前方,右手弧形由体侧向上至头顶后再向下落于胸前,左手握拳置于腰后。(图 3-4-46、图 3-4-47)

图 3-4-46

图 3-4-47

双手握拳垂肘向上,左拳置于体前约三十公分,右拳心向内置于右颌外侧,下颌微收,右脚后退一步成实战预备式。(图 3-4-48)

2.左低鞭腿

右脚前催半步,左脚尖虚点地面,身体右后倒,左腿股四头肌发力,绷脚尖向前下方弹踢。左脚下落恢复实战姿态。(图 3-4-49～图 3-4-51)

图 3-4-48

图 3-4-49

图 3-4-50

图 3-4-51

3. 右高鞭腿(落腿左架)

向左转腰领髋绷脚尖，股四头肌爆发用力向前上方弧形弹踢，力达脚背。动作完成后右后转髋，落脚后成左架实战姿态。(图 3-4-52～图 3-4-54)

图 3-4-52

图 3-4-53

4. 左拍压

重心右后移，左手坐腕向下按拍。(图 3-4-55)

图 3-4-54

图 3-4-55

5. 左侧踹腿

左脚提，左膝扣脚，展髋向前侧踹而出。(图 3-4-56)

6. 拍挡正蹬腿

落左脚，左手曲肘竖前臂向内拍挡，双手下摆，提右膝，以脚后跟为力点向前蹬出，力达脚跟。(图 3-4-57～图 3-4-59)

图 3-4-56

图 3-4-57

图 3-4-58

图 3-4-59

7. 拍压

右腿落地，左手先曲肘，再向下拍压。(图 3-4-60)

8. 接腿抛摔追步摆拳

退右脚，左手抄抱，右手挡做接腿动作。双手向上抛摔，向前追步右摆拳击头。(图 3-4-61～图 3-4-63)

图 3-4-60

图 3-4-61

图 3-4-62

图 3-4-63

9. 侧踹鞭腿连击

退左脚，右手向下拍按，身体向右拧转，以髋领腿向右前方发左鞭腿，左脚落地，身体迅速向左拧转，以髋领腿向右前方发右鞭腿。（图 3-4-64～图 3-4-66）

图 3-4-64

图 3-4-65

10. 防鞭腿蹬腿反击

落右腿，双手竖小臂拍防，迅速提右膝以脚跟领先向前蹬腿。（图 3-4-67～图 3-4-69）

图 3-4-66

图 3-4-67

图 3-4-68

图 3-4-69

11. 引手侧踹别腿摔

落右脚右引手前击，收右手左脚右后插向右前方发右侧踹腿，假想对方右鞭腿击胸，我左手格，右手抄抱来腿，左脚迅速后插至对方裆内。（图 3-4-70～图 3-4-73）

图 3-4-70

图 3-4-71

图 3-4-72

图 3-4-73

身体向左后拧转，假想双手擒腿别摔对方。（图 3-4-74）

动作完成后起身成立正姿式。（图 3-4-75）

图 3-4-74

图 3-4-75

防守方动作

12.退右腿实战姿式

由峨眉拳礼开始，退右腿成实战姿式。（图 3-4-76、图 3-4-77）

图 3-4-76

图 3-4-77

13. 撤左步双拍防

退右脚身体左转，双手同时曲肘前拍。（图 3-4-78）

14. 右侧踹

重心左后移，提右膝扣脚，展髋向前蹬出。（图 3-4-79）

图 3-4-78

图 3-4-79

15. 右拍压

右腿落地，右手先曲肘，再向下拍压。（图 3-4-80）

16. 右、左鞭腿

重心后移，领髋绷右脚尖，股四头肌爆发用力向前弧形弹踢，力达脚背。落右脚身体向右拧转，领髋绷左脚尖，股四头肌爆发用力向前弧形弹踢，力达脚背。（图 3-4-81、图 3-4-82）

图 3-4-80

图 3-4-81

17. 右内挂

鞭腿踢完成后向右后落地，身体向右拧转，右手曲臂向内挂挡。（图 3-4-83）

图 3-4-82

图 3-4-83

18.右反背拳

上动不停,重心左后移,左脚蹬地,右反背掌向右前方反劈而出。(图 3-4-84、图 -4

图 3-4-84

图 3-4-85

19.左反转身左后蹬腿

身体向左后转体 180°,左转身后蹬腿(虎尾腿)向后蹬出。(图 3-4-86、图 3-4-87)

图 3-4-86

图 3-4-87

20. 右蹬腿

落脚双手前伸，双手下摆，收腹提右膝，勾紧脚尖，挺髋，以脚跟领先向前蹬出。（图 3-4-88、图 3-4-89）

图 3-4-88

图 3-4-89

21. 跳退战姿收式

上动不停，保持蹬腿姿态单脚向后跳跃落地，成实战姿势。（图 3-4-90）

图 3-4-90

四、峨眉脚法的技术用法

1. 侧踹腿基本用法

(1)引手侧踹

与对方对峙站立，突然垫步前靠，用左手上引击对方眼睛，下面用侧踹腿攻击对方的裆腹部要害。（图 3-4-91～图 3-4-93）

要领：垫步前靠，上引下踢拍腿踹腰；屈肘下拍，后脚侧前移，从对方侧后踹击其腰肋部。

图 3-4-91

图 3-4-92

(2)拍腿踹腰

对方在对峙状态突发侧踹腿击腹,我方可撤前脚,前手同时向下拍压。顺其收腿之势,后脚侧前移,从对方侧后踹击其腰肋部。(图 3-4-94～图 3-4-96)

图 3-4-93

图 3-4-94

图 3-4-95

图 3-4-96

(3)拍腿踹腹

我方以右架与对方对峙对方突发左侧踹腿击腹,我方可右前脚略后闪,同时用右手横臂向下拍挡来腿。(图 3-4-97、图 3-4-98)

要领:侧闪前手下挂,踹腿从对方正面强攻击其腹部要害。

图 3-4-97

图 3-4-98

不待对方收腿,右踹腿从对方正面强攻击其腹部要害,重创对方。(图 3-4-99)

2.鞭腿基本用法

(1)鞭腿击腰

与对方对峙,对方突发左侧踹击腹,我方可前脚略收,左前臂向下横拍来腿。(图 3-4-100、图 3-4-101)

要领:前拍来腿,顺其收腿之势鞭腿攻击其腰腹要害。

图 3-4-99

图 3-4-100

顺其收腿之势,身体向左拧转,鞭腿攻击其腰腹要害。(图 3-4-102)

图 3-4-101

图 3-4-102

(2)拍腿鞭腿击肋

我方以右架与对方对峙对方突发左侧踹腿击腹,我方可右前脚略后闪,同时用右手横臂向下拍挡来腿。(图 3-4-103、图 3-4-104)

图 3-4-103

图 3-4-104

顺其收腿之势,迅速拧腰转髋,用左后鞭腿反击其肋腹部。(图 3-4-105)

(3)潜闪鞭腿击腹

对方后手摆拳击头,我方可待来拳即将打到之际突然潜闪躲过来拳,身体前靠,用左鞭腿击腹。(图 3-4-106、图 3-4-107)

要领:潜闪躲避的同时用边腿反击对方腹部要害处。

图 3-4-105

图 3-4-106

3.蹬腿基本用法

(1)上引下蹬膝

与对方对峙,我可左手引击其眼睛,下面同时蹬击对方的膝关节。(图 3-4-108、图 3-4-109)

要点:引动对方,勾紧脚前掌击膝。

图 3-4-107

图 3-4-108

(2)格直拳后蹬

与对方对峙,对方突发左冲拳击胸,我可用左手向外格拳,再转身前俯腰,远离对方击打范围,迅速发后蹬腿攻击其前扑之躯,重创对方。(图 3-4-110~图 3-4-113)

要领:格拳转身前俯腰,远离对方击打范围,迅速发后蹬腿攻击其前扑之躯。

图 3-4-109

图 3-4-110

图 3-4-111

图 3-4-112

图 3-4-113

五、峨眉脚法对练套路

1. 双方互行抱拳礼

双方互行抱拳礼。(图 3-4-114)

2. 甲方进左脚,乙方退右腿成实战姿式

甲方进左脚乙方退右腿成实战姿式。(图 3-4-115)

图 3-4-114

图 3-4-115

3. 甲方左低鞭腿，乙方撤左步防

甲方用左前低鞭腿击膝，乙方撤左脚让过。(图 3-4-116、图 3-4-117)

图 3-4-116

图 3-4-117

4. 甲方右高鞭腿(落腿左架)，乙方双拍防

甲方再用右高鞭腿踢胸，乙方双手拍防，甲方落右脚转身成左架。(图 3-4-118、图 3-4-119)

图 3-4-118

图 3-4-119

5.乙方右侧踹、甲方左拍压

乙方右侧踹击胸,甲方向下拍压。(图 3-4-120)

6.甲方左侧踹腿、乙方右拍压防

甲方趁乙方落脚即上前左侧踹腿击腹,乙方用右手拍压防格。(图 3-4-121)

图 3-4-120

图 3-4-121

7.乙方左鞭腿,甲方拍挡

乙方趁甲方落脚迅速上前用左鞭腿击胸,甲方拍挡。(图 3-4-122)

8.甲方正蹬腿,乙方右内挂

甲方身体左转正蹬腿击胸,乙方向右内挂来腿。(图 3-4-123)

图 3-4-122

图 3-4-123

9.乙方右反背拳,甲方拍挡

乙方右臂内挂后顺势反背拳击头,甲方左手拍挡。(图 3-4-124)

10.乙方左反转身左后蹬腿,甲方拍压

乙方身体左后转,用左后蹬腿攻击甲方胸腹部,甲方拍压来腿。(图 3-4-125)

图 3-4-124

图 3-4-125

11. 乙方右蹬腿，甲方抄接

乙方左后蹬腿落空，上步紧接着用右正蹬腿击胸，甲方迅速退左脚，右手接，左手下抄将来腿接住。（图 3-4-126）

12. 甲方接腿抛，乙方跳退落地

接住腿后，身体先略下沉，然后往上一抛，令乙方腾空后跳。（图 3-4-127）

图 3-4-126

图 3-4-127

甲方追上右平勾拳击面，乙方身体左拧转，双手向外拍挡。（图 3-4-128）

13. 乙方右侧踹左右拍鞭腿，甲方拍侧踹鞭腿连击

乙方右侧踹腿击腹，甲方退左脚，双手向下拍按，顺乙方收腿之势，甲方左鞭腿击腰，乙方右手向下拍挡，甲方再拧腰转胯用右鞭腿击头，乙方双手向前推挡。（图 3-4-129～图 3-4-131）

图 3-4-128

图 3-4-129

图 3-4-130

图 3-4-131

14. 乙方前鞭腿挂防蹬腿，甲方双格防鞭腿蹬腿反击

乙方鞭腿击头，甲方双手推格来腿，甲方借转身之势用蹬腿反击乙方的胸腹部，乙方含胸双手挂防。（图 3-4-132～图 3-4-134）

图 3-4-132

图 3-4-133

15. 甲方引手侧踹别腿摔，乙方拍侧踹回鞭腿被摔

甲方落右腿，右手反掌掸眼，乙方右手上迎，甲方左脚偷偷向前倒插一步，上引下踹攻击乙方。乙方防守后用鞭腿反击，甲方则可落脚用左手格挡右手抄接来腿，身体向左后拧转，用接腿旋压的技术使乙方倒地。（图 3-4-135～图 3-4-141）

图 3-4-134

图 3-4-135

图 3-4-136

图 3-4-137

图 3-4-138

图 3-4-139

图 3-4-140

图 3-4-141

16. 双方实战式收式

乙方起立，甲方后退一步，双方互行抱拳礼，立正并步收式。（图 3-4-142、图 3-4-143）

图 3-4-142

图 3-4-143

（熟悉后攻防互换）

第五节 五段技术（峨眉靠子）

扫码观看演示视频

峨眉武术显著的特点是：内修外练、刚柔并济、庄技一体、形神和一。出手指掌当先，身法柔灵步为先，五峰六肘活为先。所谓的五峰六肘活为先就是要善于调动人体的一切可用部位，在近身短打中出其不意，运用人体虽不太灵活但攻击力量却大得出奇的膝、肘、肩、胯、臀等部位，重创敢于来犯的敌人。

一、基本形态

（一）静型

1. 顶肘

手臂曲紧，拳眼靠住胸膛，以肘尖为攻击点，实战中常借蹬地回腰之势向前顶击对方。（图 3-5-1）

2. 挑肘

手臂紧曲，拳眼紧靠肩头，实战中常用于由下向上挑击对方下颌骨等要害。（图 3-5-2）

图 3-5-1

图 3-5-2

3. 横击肘

手曲紧，以前臂尺骨部为攻击点，实战中主要结合身体的拧转，横击对方各部要害。（图 3-5-3）

4. 下砸肘

曲肘，拳心向内，实战中主要用下砸对方下潜时所暴露的头颈部。（图 3-5-4）

图 3-5-3

图 3-5-4

5. 顶膝

提膝顶髋，以膝盖头为攻击点向对方发起攻击。（图 3-5-5）

6. 横打膝

以腰带髋向左拧转，右膝横盘，以膝盖头为攻击点向对方横击。左横打膝要领与右横打膝一样，仅方向不同。（图 3-5-6）

图 3-5-5

图 3-5-6

（二）动态

1. 顶肘

由预备姿式开始，身体先左拧，右手握拳曲肘回拉，左手立掌，掌心顶住右拳面，拧腰转髋向右侧前顶，发力于肘尖。（图 3-5-8）

图 3-5-7

图 3-5-8

2. 横击肘

由立正姿式开始，曲右肘、后脚蹬地、向左转腰、带动右臂向左前横击。（图 3-5-9、图 3-5-10）

图 3-5-9

图 3-5-10

横击肘正面演示，左掌护于拳面。（图 3-5-11、图 3-5-12）

图 3-5-11

图 3-5-12

3. 顶膝

由实战姿态开始，向上提右膝，顶髋，发力于膝面。（图 3-5-13、图 3-5-14）

图 3-5-13

图 3-5-14

4. 横打膝

由实战姿式先向前顶髋，再向上提膝，翻髋、横击，发力于膝面。（图 3-5-15、图 3-5-16）

图 3-5-15

图 3-5-16

横打膝完成后迅速向后落脚，后脚后调半步成实战姿式。（图 3-5-17、图 3-5-18）

图 3-5-17

图 3-5-18

5. 斜撞膝

斜撞膝由实战姿态开始，向左转腰、以髋领膝向侧上方斜击。动作完成后恢复立正姿

势。（图 3-5-19～图 3-5-21）

图 3-5-19

图 3-5-20

6.背折靠

由开始，右臂曲肘横置于腹前向右后回身转腰，以倒拐处猛然后击。再曲左肘，向左后回身转腰，以倒拐处猛然后击。（图 3-5-22～图 3-5-24）

图 5-1-21

图 5-1-22

图 3-5-23

图 3-5-24

7.膀靠

由右虚步提吊手开始，右臂下垂，左手立掌横置于胸前，右脚进一大步成右弓步，借上步进身之势、以右膀臂向前方挑靠，注意进身挑靠发力要整

图 3-5-25

图 3-5-26

8. 肩靠

由开始，身体向右拧转成左弓步，借转身之势沉肩前靠。向前靠时则需先以左手向上挑起，再身体前压，用肩部向前靠击。（图 3-5-27～图 3-5-30）

图 3-5-27

图 3-5-28

图 3-5-29

图 3-5-30

二、峨眉靠子（五段技术套路）

1. 抱拳礼

身体挺直立正站立，左手置于腰后，右手经体侧至头顶再向下立掌落于胸前，收颌目视

正前方。(图 3-5-31)

2.退左脚双手成格斗式。(图 3-5-32)

图 3-5-31

图 3-5-32

3.撤步拍防

左脚大退一步成右弓步,双手同时向左拍压。(图 3-5-33)

4.推掩防守

右脚回收,左手曲肘立掌护于胸前,右手下垂于右腿内侧,接防来肘。(图 3-5-34)

图 3-5-33

图 3-5-34

5.右前靠膀

右脚先回收半步成丁字步,再右脚进,左脚跟,借上步进身之势以右膀臂向前挑靠。(图 3-5-35、图 3-5-36)

图 3-5-35

图 3-5-36

6. 推掩防守

退右脚双手向下推掩。(图 3-5-37)

7. 右顶膝

双手下落,右膝上顶。(图 3-5-38)

图 3-5-37

图 3-5-38

8. 下阻左横打膝

落右膝双手曲肘立掌,右脚后插,双掌下拍。再身体向右拧转,左横打膝向上横击。(图 3-5-39、图 3-5-40)

图 3-5-39

图 3-5-40

9. 落脚肩靠

左脚向后落步成右弓步,身体下沉,用肩下靠。(图 3-5-41)

10. 后跃步格斗式

身体后跃落地成左架格斗式。(图 3-5-42)

图 3-5-41

图 3-5-42

11. 切摆拳拉肘

右脚上前一步成右弓步，曲肘竖右前臂前切假想敌左摆拳，左冲拳向前击打，左手假想勾敌肘回拉。（图 3-5-43、图 3-5-44）

图 3-5-43

图 3-5-44

左手拉，右臂推，假想将敌臂反别，然后俯身下按。（图 3-5-45）

12. 拍后顶肘、防直拳撬锁肘

右脚后退一步，右手向下拍防，左脚后退一步，右手向下拍防，身体向右拧转，左手假想托对方右臂倒肘处。（图 3-5-46～图 3-5-48）

图 3-5-45

图 3-5-46

图 3-5-47

图 3-5-48

假想右臂上推对方的腕关节，左手拍肘下按其肘弯，使对方手肘反别，左手再由自己右肘弯中上穿，双手形成撬锁杠杆，合力下按。（图 3-5-49）

13. 拍后顶肘，左右勾踢

右脚后退一步，双手向下拍按，左脚尖外摆，重心左移，向前右勾踢，落右脚脚尖外摆，重心右移，身体向右拧转，左脚再向前勾踢。（图 3-5-50～图 3-5-52）

图 3-5-49

图 3-5-50

图 3-5-51

图 3-5-52

14.跳闪防惯,抱腿穿别

左脚向后落地,身体向左后跳闪,假想躲过对方摆拳,重心左移同时向左后大幅度拧腰,双手反别,眼看自已右脚跟。(图 3-5-53、图 3-5-54)

图 3-5-53

图 3-5-54

15.反穿肘

身体继续左拧退左脚成右格斗式,身体向右拧转双手向右拍挡,假想左手勾拉对方肘弯,右臂上推,令对方手肘反别,右肘后挂加巨其反别程度,右小臂下伸,外旋曲肘夹臂上提,左手前别对方颈项。(图 3-5-55～图 3-5-58)

图 3-5-55

图 3-5-56

图 3-5-27

图 3-5-58

16.抱拳礼收式

身体起立行抱拳礼收式。双手放下成立正姿态接守方套路(守方套路)。(图 3-5-59、图 3-5-60)

图 3-5-59

图 3-5-60

(防守方)

17.右退实战姿式

双手握拳垂肘向上,左拳置于体前约三十厘米,右拳心向内置于右颌外侧,下颌微收,右脚后退一步成实战预备式。(图 3-5-61)

18.右横击肘

右脚上前一大步成右弓步,身体向左拧转,右横击肘向左横击,与左掌于胸前对碰。(图 3-5-62)

图 3-5-61

图 3-5-62

19.催步右前顶肘

重心后移成四六步,左手向左拦格,右肘随身体左外旋曲肘回收,重心前移左脚跟催,拧腰转髋发力于右肘尖。(图 3-5-63、图 3-5-64)

图 3-5-63

图 3-5-64

20.右前靠膀

右脚回收点地于左脚内侧成丁字步，左手立掌曲肘护于胸前，右手伸臂下插于右大腿内侧，右脚进，左脚跟，借上步进身之势以右膀臂向前挑靠，注意进身挑靠发力要整。（图 3-5-65、图 3-5-66）

图 3-5-65

图 3-5-66

21.转身后顶肘

身体左后拧转 180°，左脚左跨一步成左弓步，身体继续向左后拧转，左肘借转身之势向前顶击。（图 3-5-67、图 3-5-68）

图 3-5-67

图 3-5-68

22. 拍膝

提左腿，双手向左下方拍挡。（图 3-5-69）

23. 斜撞膝

落左脚，身体向左拧转，以髋领右膝向侧上方横击。（图 3-5-70）

图 3-5-69

图 3-5-70

24. 拍膝

右斜撞膝向后回落，双手向右下方拍挡。（图 3-5-71）

25. 下蹲防摆拳肩靠

退左脚身体下潜，身体同时所示向前肩靠。（图 3-5-72）

图 3-5-71

图 3-5-72

26. 左摆拳

身体起立成实战预备式，右脚前踏半步成右弓步，身体向右拧转，左摆拳向右前方横击。（图 3-5-73、图 3-5-74）

图 3-5-73

图 3-5-74

27.右后转过头破拉肘

头后仰闪所示防直拳，左臂(被拉肘)过度反别，身体向右后拧转 180°，头部从左臂下钻过完成解脱。(图 3-5-75～图 3-5-77)

图 3-5-75

图 3-5-76

28.后顶肘反背拳

重心右前移，曲右肘，以肘尖侧后顶。顶肘一完成随即右小臂反弹前击，反背掌击面。(图 3-5-78、图 3-5-79)

图 3-5-77

图 3-5-78

29. 左后转过头破撬锁

假想右臂被对方撬锁臂擒拿，右肘过度反别。身体左后转，头部从被别臂下钻过。（图3-5-80、图3-5-81）

图 3-5-79

图 3-5-80

30. 左后顶肘提膝破勾踢

左脚左后摆一步成左弓步以完全解脱被撬锁的右臂，左后顶肘借身体后转之势向前顶击，重心后移提左膝防对方左勾踢，落左脚再提右膝防假想中的右勾踢。（图3-5-82、图3-5-84）

图 3-5-81

图 3-5-82

图 3-5-83

图 3-5-84

31.左摆拳转身破穿摔

右脚后落，左摆拳击头，假想对方进身穿摔，身体向右拧转，身体向右侧仆倒。（图 3-5-85～图 3-5-87）

图 3-5-85

图 3-5-86

32.右直拳被反穿肘擒

迅速起身用右直拳击胸，曲肘反别假想被对方反穿肘擒拿。（图 3-5-88～图 3-5-90）

图 3-5-87

图 3-5-88

图 3-5-89

图 3-5-90

33.格斗式收式

身体转成左架格斗式。(图 3-5-91)

图 3-5-91

三、峨眉靠子的技术用法

(一)肘法基本技术应用

1.顶肘的基本用法

(1)防抱后顶肘

被对方从后抱(手臂被抱)时先曲肘回身,左扭举臂创造肘击空间。再回身以肘尖猛击对方心窝处。若对方手在我臂内侧,即可肘击其头。(图 3-5-92~图 3-5-95)

要领:被抱时先曲肘回身,创造肘击空间 再回身以肘尖猛击对方心窝处。

图 3-5-92

图 3-5-93

图 3-5-94

图 3-5-95

(2)外侧抓腕顶肋

对方发右拳击胸,我可从外用双手拍档来拳,左手顺牵其腕,右顶肘击肋。(图 3-5-96~图 3-5-98)

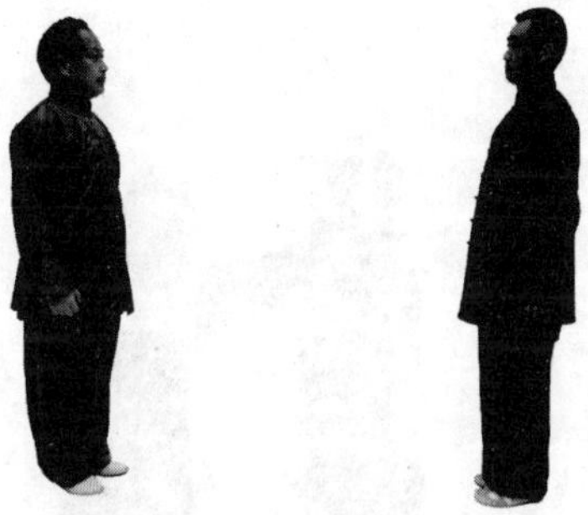

图 3-5-96

图 3-5-97

2.横击肘的基本用法

(1)潜闪横击肘

与对方对峙,对方摆拳打到的瞬间突然下潜,横击肘攻击其胸腹部。(图 3-5-99~图 3-5-101)

要领:对方摆拳打到的瞬间突然下潜,横击肘同时攻击其胸腹部。

图 3-5-98

图 3-5-99

图 3-5-100

图 3-5-101

(二)膝法基本技术及防卫应用

1.顶膝的基本用法

(1)勾头顶膝破抓肩

对方抓拍我双肩,我可双手由胸前上分对方两臂、勾头。(图 3-5-102～图 3-5-104)

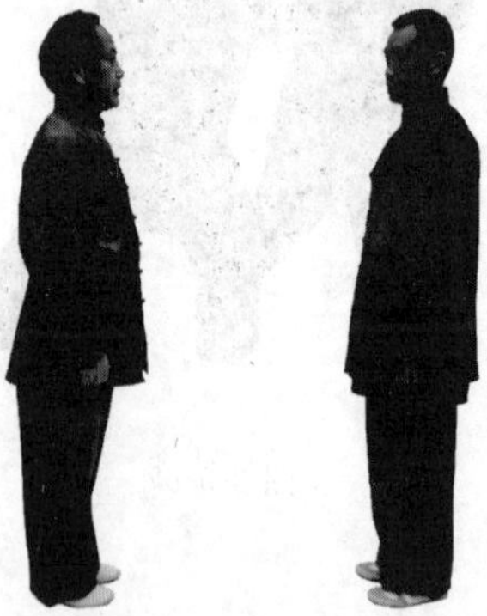

图 3-5-102

图 3-5-103

下拉其头,同时顶膝上击其下颌处。(图 3-5-105)

要领:格挡后牵手劈颈,下拉上顶,重创对方。

图 3-5-104

图 3-5-105

2.斜撞膝的基本用法

(1)潜闪顶膝

与敌对峙,当对方摆拳即将打到头上时迅速下潜撑起,双手搬住其肩膀下拉,斜撞膝猛顶其心窝部或裆、腹部。(图 3-5-106~图 3-5-108)

要领:当对方摆拳即将打到头上时迅速下潜,双手搬住其肩膀下拉斜撞膝猛顶其心腹部。

图 3-5-106

图 3-5-107

(2)切肘抱头顶膝

与对方对峙,对方右摆拳击头,我不但不躲,反而身体前靠,竖前臂截阻来拳肘弯,另一手前伸勾头,勾头下拉,右斜撞膝上击重创对方。(图 3-5-109~图 3-5-112)

要领:对方摆拳击头,我不但不躲,反而身体前靠,竖前臂截阻来拳肘弯另一手前伸拉肩,斜撞膝上击。

图 3-5-108

图 3-5-109

图 3-5-110

图 3-5-111

（三）靠法基本技术应用

（1）外格膀靠

与对方对峙，对方用右侧踹击腹，我可身体左闪，向下外挂来腿，趁其收腿向前靠撞其裆部，重创对方。双手搂腿后拉还可使对方侧倒。（图 3-5-113～图 3-5-116）

图 3-5-112

图 3-5-113

图 3-5-114

图 3-5-115

（2）拍臂肩靠

与对方对峙，对方右冲拳击头，我可用前臂向上拍挑来拳，身体前靠下沉，撞击对方软肋部重创对方。（图 3-5-117～图 3-5-119）

要领：用前臂拍挑来拳，身体前靠下沉，撞击对方软肋部。

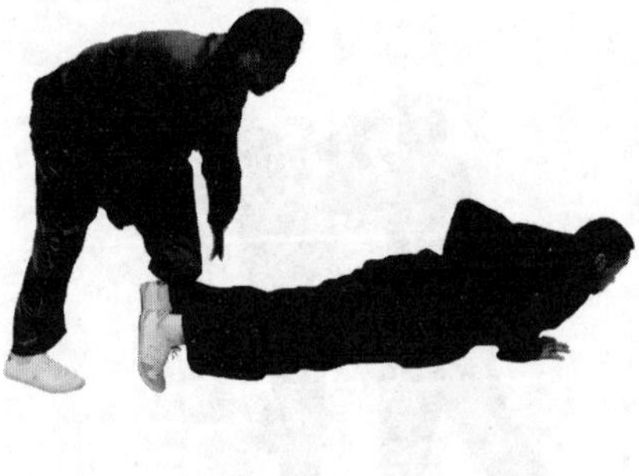

图 3-5-116

图 3-5-117

图 3-5-118

图 3-5-119

(3)挂腿靠裆

与对方对峙,对方右鞭腿击胸,我左手曲肘格,右手抄挂防住来腿,再顺其收腿之势以前臂挑靠对方裆部,重创对方,前靠则可令其倒下。(图 3-5-120～图 3-5-123)

要领:挑挂防住来腿,顺其收腿之势以前臂挑靠对方裆部。

图 3-5-120

图 3-5-121

图 3-5-122

图 3-5-123

(4)进身穿靠

与对方对峙,对方左冲拳,我格挡来拳的同时可用六合步进身到对方侧面,右脚锁住对

方左前脚，回腰反靠对方腰肋部，令对方倒地。（图 3-5-123～图 3-5-127）

要领：格挡来拳的同时用六合步进身到对方侧面，回腰反靠对方腰肋。

图 3-5-124

图 3-5-125

图 3-5-126

图 3-5-127

四、峨眉靠子对练套路

1.双方互行峨眉拳礼

双方身体挺直立正站立对峙，互行峨眉拳礼。（图 3-5-128）

2.甲方进左脚、乙方退右腿实战姿式

甲方进左脚乙方退右脚，双方成实战姿式。（图 3-5-129）

图 3-5-128

图 3-5-129

3.乙方右横击肘,甲方撤步拍防

乙方上右脚,右横击肘击胸,甲方拍防,然后后撤步。(图 3-5-130、图 3-5-131)

图 3-5-130

图 3-5-131

4.乙方催步右前顶肘,甲方推掩防守

乙方催步右前顶肘,甲方左手曲肘立掌,右臂内关存劲推掩防守。(图 3-5-132)

5.双方右前靠膀

双方先收前脚曲左肘立掌,右臂内关存劲下垂,再同时催步上前,右靠膀。(图 3-5-133、图 3-5-134)

图 3-5-132

图 3-5-133

6.乙方转身后顶肘,甲方推掩防守

乙方转身左后顶肘,甲方双手拍压,推掩防守。(图 3-5-135)

图 3-5-134

图 3-5-135

7.甲方顶膝,乙方拍膝防守

甲方顶膝,乙方拍膝防守。(图 3-5-136)

8. 乙方斜撞膝，甲方下阻

乙方趁甲方落腿之机用斜撞膝击肋，甲方双手下按阻击。（图 3-5-137、图 3-5-138）

图 3-5-136

图 3-5-137

9. 甲方斜撞膝、乙方拍膝防守

甲方趁乙方落腿之机用斜撞膝击肋，乙方双手下按阻击。（图 3-5-139）

图 3-5-138

图 3-5-139

10. 乙方肩靠、甲方顺势跳退

乙方借甲方落脚之势下潜用肩靠击甲方软肋部，甲方推肩向后跳退，双方成实战搏击姿态。（图 3-5-140、图 3-5-141）

图 3-5-140

图 3-5-141

11. 乙方左摆拳,甲方切摆拳拉肘

乙方右脚上前一步左摆拳击头,甲方在其摆拳后拉预摆的瞬间竖右小臂迎进前切其肘弯处,令乙方的摆拳发不出来,同时左直拳攻击乙方的下颌,令其头被迫后仰,抓住机会甲方用左手插到乙方左肘后方,右小臂前推,左小臂勾肘后拉,双手合力迫使乙方左臂反别。(图 3-5-142～图 3-5-144)

图 3-5-142

图 3-5-143

12. 乙方右后转过头破拉肘

乙方身体右后转减缓肘关节的疼痛,重心下降使被擒肘过头。(图 3-5-145)

13. 乙方后顶肘反背拳、甲方拍后顶肘、防直拳撬锁肘

乙方转身后顶肘击腹,甲方放掉乙方手臂,迅速向下拍按来肘,乙方右小臂伸,反背拳击面,甲方身体左拧向上推挡,顺乙方收手之势,甲方左手勾拉其肘,右手前推其腕,左手再由自己的肘弯内上穿,内旋反握自己的右腕骨,形成杠杆反撬对方左肘。(图 3-5-146～图 3-5-149)

图 3-5-144

图 3-5-145

图 3-5-146

图 3-5-147

图 3-5-148

图 3-5-149

14.乙方后转过头破撬锁肘后顶肘、甲方拍后顶肘左右勾踢

乙方重心下降左后转腰，头部由被擒肘下钻过，破解其反撬肘，左后顶肘借身体拧转之势倒击甲方腹部，甲方迅速双手向下拍按。（图 3-5-150、图 3-5-151）

图 3-5-150

图 3-5-151

甲方用右勾踢铲击乙方的左脚，乙方提左膝让过，甲方再用左勾踢腿铲击乙方的右支撑腿，乙方提右膝让过。双方放手成左架对峙。（图 3-5-152～图 3-5-153）

图 3-5-152

图 3-5-153

15.乙方左摆拳、甲方跳闪防惯抱腿穿别

乙方左摆拳击头，甲方顺其来势跳闪，让过乙方的摆拳，右脚插到乙方的左前脚后面，然后身体前靠拦住对方腰胸部，左手操腿，右手拦胸，身体向自己的右后方拧转、使乙方所示倒地。（图 3-5-154～图 3-5-156）

图 3-5-154

图 3-5-155

图 3-5-156

16.甲方拍挡反穿肘、乙方右直拳被反穿擒肘

乙方倒地前滚一周起立转身，与甲方对峙。乙方右冲拳击头，甲用固中节、走两冀的方法防格来臂，左手勾拉右臂上推别肘令其肘反别。（图 3-5-157～图 3-5-160）

图 3-5-157

图 3-5-158

图 3-5-159

图 3-5-160

右肘再向下向后反挑其肘，倒肘后顶加巨其疼痛。（图 3-5-161）

身体继续向右拧转，伸右臂下插，左手前伸别颌，右臂外旋并上提擒住乙方。（图 3-5-162、图 3-5-163）

图 3-5-161

图 3-5-162

17. 双方互行抱拳礼收式

甲方放掉乙方，双方所示互行抱拳礼收式。（图 3-5-164）

图 3-5-163

图 3-5-164

第六节 六段技术(峨眉摔角)

扫码观看演示视频

拳谚说:"远踢近打靠身摔。"在实战中,能运用快摔法使对方倒地,一方面保持了自身的主动,另一方面可对对方起到不小的震慑作用。值别注意的是,学习摔法,一定要练习自我保护的地趟功,才能在实战中避免受伤,立于不败之地。

一、基本技术

1.固定底基、掀动重心(抱腿肩靠)

由立正姿式开始,上左脚,左引手向前发出。(图 3-6-1、图 3-6-2)

图 3-6-1

图 3-6-2

重心前移,双手曲臂上格,双手分开弧形向下抱腿。(图 3-6-3、图 3-6-4)

图 3-6-3

图 3-6-4

双手作抱腿后拉状,左肩同时前拱。这是一种固定底基、掀动重心的典型单练方法,要反复练习,做到面前无人如有人。(图 3-6-5)

2.利用惯性、铲动底基(左右勾踢)

左脚尖外摆 45°,身体向左拧转,右手曲肘竖小臂向左格挡。(图 3-6-6、图 3-6-7)

图 3-6-5

图 3-6-6

上动不停，勾紧右脚尖，向左继续拧腰转髋，右腿由曲到直，向左弧形擦地后上踢，发勾踢腿时注意左手上穿，右手左格后下挂。（图 3-6-8）

图 3-6-7

图 3-6-8

右勾踢练完后可后插腿，为练左勾踢作好准备。身体向右拧转，右脚尖外摆 45°，身体向右拧转，左手曲肘竖小臂由右肘弯中上穿，右脚向后提离地面。（图 3-6-9～图 3-6-10）

图 3-6-9

图 3-6-10

上动不停，勾紧左脚尖，向左继续拧腰转髋，右腿由曲到直，向左弧形擦地上踢，发勾踢腿时注意左手上穿，右手右格后下挂。勾踢腿属典型的利用惯性、铲动底基的方法之一。（图 3-6-11）

3.迫使底基与重心作相反运动(反夹颈摔)

练习由开始,左手由外向内推挡。身体向左拧转,右手随右脚进步向前弧形圈夹对方颈部。(图 3-6-12～图 3-6-14)

图 3-6-11

图 3-6-12

图 3-6-13

图 3-6-14

身体继续左后转,左脚后插一步(到对方裆内)送髋贴身,撅臀转身俯腰,右臂反夹颈向左后长身变脸。反夹颈摔属典型的迫使底基与重心作相反运动的摔法之一。(图 3-6-15、图 3-6-16)

图 3-6-15

图 3-6-16

4.接腿摔法(接腿旋压)

左手在前,右手护腮,身体迅速向左后拧转抄接对方的鞭腿,调身后插右脚,转体后插左脚,双手(握腿)向自己裆内旋压下送。(图 3-6-17～图 3-6-21)

图 3-6-17

图 3-6-18

图 3-6-19

图 3-6-20

图 3-6-21

接腿旋压属典型的接腿摔法之一。

二、峨眉摔角(六段技术套路)

1. 行峨眉拳礼

从立正姿式开始,右手直臂由体侧抬起,直至头顶上方后降于胸前,左手同时握拳藏于身后。(图 3-6-22)

退右脚成实战姿式。(图 3-6-23)

图 3-6-22

图 3-6-23

2.左冲拳

左脚进半步左冲拳。(图 3-6-24)

3.进身穿靠捽

左手下按,右手上提,同时提左脚。(图 3-6-25)

图 3-6-24

图 3-6-25

上动不停,右脚蹬地跃起,双脚于空中跳换步后落地成右弓步,右手下插,左手曲臂护于右肩侧。(图 3-6-26、图 3-6-27)

图 3-6-26

图 3-6-27

重心右前靠,以腰带臂用右臂向左前方反拦。(图 3-6-28)。上动不停,迅速收右腿向前侧踹。(图 3-6-29、图 3-6-30)

4.引手插步右侧踹腿

右臂向左下按,左脚前插一步,左手由右臂弯中曲肘上穿并反背掌前击。

图 3-6-28

图 3-6-29

5.接腿勾头摔

右手顺落腿之势向下外旋曲肘作接腿动作，身体向右拧转，发左掌击头。（图 3-6-31）

图 3-6-30

图 3-6-31

6.勾头跛脚

右手变为勾手（勾头），右手（抄腿）随身体向左拧转，向右上方（举腿），左跛脚向前磕击对方支撑腿。（图 3-6-32）

7.退步实战式

退步成左架实战式。（图 3-6-33）

图 3-6-32

图 3-6-33

8.进步左冲拳

左脚前进半步，左冲拳。（图 3-6-34）

9.抽跳步腾空鞭腿

身体略后闪，左脚旋外上提，右脚蹬地跃起，右鞭腿于空中向左鞭击。（图 3-6-35～图 3-6-37）

图 3-6-34

图 3-6-35

图 3-6-36

图 3-6-37

10.落地右侧踹

落地成四六步，右脚借落地的反弹力提膝扣脚、展髋蹬膝向前踹击而出。（图 3-6-38、图 3-6-39）

图 3-6-38

图 3-6-39

11.左右勾踢腿

上动不停，右侧踹落地身体重心右前移，左勾踢腿向前铲踢。左脚不待落地立即外旋，重心左移至左脚，提右脚向左前勾踢。（图 3-6-40～图 3-6-42）

图 3-6-40

图 3-6-41

12.退步实战式

身体向左拧转,右手由上向下,左手由右臂弯中上穿,然后立掌前推,左脚同时收回成左架实战式。(图 3-6-43)

图 3-6-42

图 3-6-43

13.拍鞭腿伏地后扫

左手向前一引,立即双手向下拍按,然后身体向左后下俯,右腿借身体右后下俯的转势,直腿向后扫地一周。(图 3-6-44～图 3-6-47)

图 3-6-44

图 3-6-45

图 3-6-46

图 3-6-47

14.引手右侧踹

身体起立,右脚上前半步成右弓步,右引手向前发出,引手收回,左脚向前偷插半步,右

侧踹腿向前猛地发出。(图 3-6-48～图 3-6-50)

图 3-6-48

图 3-6-49

15. 插步接腿摔

侧踹腿落地时，右手前抄，左手曲肘竖臂格挡作接腿动作，左脚同时后插半步，双手随身体向左下方扭摔。(图 3-6-51～图 3-6-53)

图 3-6-50

图 3-6-51

图 3-6-52

图 3-6-5

16. 峨眉拳礼收式

身体立正，成格斗式，左手下落于身体后面抱拳，右手立掌落于胸前，双脚并拢行峨眉拳礼。(图 3-6-54、图 3-6-55)

(防守方套路)

图 3-6-54

图 3-6-55

17. 引手右蹬扑

由峨眉拳礼转为实战姿式，右脚上前一步，左手后拉，保持姿势左脚前摆一步，左脚后蹬，左臂前拦。（图 3-6-56～图 3-6-59）

图 3-6-56

图 3-6-57

图 3-6-58

图 3-6-59

18. 收脚拍腿

退左脚成右架格斗式，右手前引，收右脚身体微前俯，右臂向下拍按。（图 3-6-60～图 3-6-62）

图 3-6-60

图 3-6-61

19. 左鞭腿

向右转腰领髋绷左脚尖，股四头肌爆发用力向前弧形弹踢，力达脚背。（图 3-6-63）

图 3-6-62

图 3-6-63

20. 前滚翻起身实战式

落脚身体前俯，双手领先着地，在地上前滚一周后左脚跪地领先起身，成实战姿式站立。（图 3-6-64～图 3-6-66）

图 3-6-64

图 3-6-65

21. 左引手右勾踢

左手前引，左脚尖外摆，身体向左拧腰转髋、以右脚勾紧向前铲踢。（图 3-6-67～图 3-6-69）

图 3-6-66

图 3-6-67

图 3-6-68

图 3-6-69

22. 双拍防鞭腿

身体向左拧转，双手曲肘竖前臂向前拍防。（图 3-6-70）

23. 上引下压防踹腿

身体微右转，右引手前击，重心后移收右前脚，右臂同时向下拍按。（图 3-6-71、图 3-6-72）

图 3-6-70

图 3-6-71

24. 进身右蹬扑

身体起立，左手向前关拍，左脚同时外摆脚尖向前，右手下摆。右脚前摆右脚后蹬成左横裆步，右臂借身体前扑之势向前横拦下按。（图 3-6-73～图 3-6-75）

图 3-6-72

图 3-6-73

图 3-6-74

图 3-6-75

25. 右抽腿防勾踢

重心后移抽提右腿，防对方的勾踢腿。（图 3-6-76）

26. 左侧倒地

落右脚曲左肘，髋关节右前顶，身体在腿部的控制力下向左侧倒地，倒地时两臂向内弯曲领先着地。（图 3-6-77、图 3-6-78）

图 3-6-76

图 3-6-77

27. 乌龙搅柱起身

身体先后躺，右脚向左踢绕，领动右腿作空中云腿午花动作，身体同时借势挺腰上顶，上动不停，双脚落地，双手猛推地面，收腹，双脚落地身体起立。回身双手由后向前，成实战姿式。（图 3-6-79～图 3-6-82）

图 3-6-78

图 3-6-79

图 3-6-80

图 3-6-81

28. 右鞭腿

向右转腰领髋绷脚尖，左腿股四头肌爆发用力向前弧形弹踢，力达脚背。（图 3-6-83）

图 3-6-82

图 3-6-83

29. 腾空左里合腿

左脚落地后身体略下蹲，提右膝左脚蹬离地面，双手右上摆助转，左脚由左向上，向右直腿划弧里合摆踢。（图 3-6-84～图 3-6-87）

图 3-6-84

图 3-6-85

图 3-6-86

图 3-6-87

30.右下拍防侧踹

落地后左脚退一步,右引手前击,右臂向下压防(对方侧踹腿)。(图 3-6-88、图 3-6-89)

图 3-6-88

图 3-6-89

31.击步右鞭腿

右手曲臂上格,左脚向前击步,右腿提膝拧腰,绷脚尖,股四头肌爆发用力将小腿弹出,力达脚背。(图 3-6-90)

32.右侧倒地

右脚落地后迅速提脚前插,身体向左前顶髋,右腿弯曲控制力量使身体向右侧倒地,倒地时双手直臂领先下拍地面,辅助拍压地面减震。(图 3-6-91、图 3-6-92)

图 3-6-90

图 3-6-91

注意:倒地瞬间一定要收颌固颈,预防脑部受震。

33. 鲤鱼打挺起身

双脚先收腹上举，再快速向前打压，身体于空中挺髋，上动不停，双脚接触地面的瞬间迅速收腹，勾头，成马步起立。（图 3-6-93～图 3-6-95）

图 3-6-92

图 3-6-93

图 3-6-94

图 3-6-95

34. 抱拳礼收式

身体起立成实战姿式，退步成立正姿式，向前行峨眉拳礼，收式。（图 3-6-96、图 3-6-97）

图 3-6-96

图 3-6-97

三、峨眉摔角技术用法

（一）峨眉摔角的基本技术

1. 固定底基、掀动重心类摔法

（1）抱腿肩靠

对方右摆拳击头，我可下潜防开来拳，双手抱住对方腿部。（图 3-6-98～图 3-6-100）

要领：下潜防开来拳，双手抱住对方腿部，肩部借身体前冲之势猛靠其躯干，令对方失重。

图 3-6-98

图 3-6-99

肩部借身体前冲之势猛靠其躯干，令对方失重摔跤。（图 3-6-101、图 3-6-102）

图 3-6-100

图 3-6-101

(2)拍腰拦喉

对方右左直拳击头，我可用固中节、走两冀的方法防压对方的右手冲拳，左脚同时大进一步到他右侧后方，后手拦喉，前手拍腰令对方后倒。（图 3-6-103～图 3-6-106）

要领：用固中节、走两冀的方法防压对方的后手冲拳、后手拦喉，前手拍腰令对方后倒。

图 3-6-102

图 3-6-103

图 3-6-104

图 3-6-105

(3)进身穿靠摔

与敌对峙对方左冲拳击胸，我在拍压防格对方来拳的同时六合步进身，置右腿于对方左侧后方，再以腰带臂反拦对方胸部、令其摔倒失重。（图 3-6-107～图 3-6-110）

要领：拍压防格对方来拳，同时六合步进身置腿于其侧后方，以腰带臂反拦对方胸部，令其失重。

图 3-6-106

图 3-6-107

图 3-6-108

图 3-6-109

2. 利用惯性，铲动底基类摔法

(1)推肘勾踢

与对方对峙，对方左冲拳击头，我左脚外摆，双手由外向内推挡其手臂，同时拧腰转髋、

以右后脚勾踢他前支撑腿，将其铲倒。（图 3-6-111～图 3-6-114）

要领：防格对方来拳的同时，身体前靠，双手推肘，同时拧腰转髋，以后脚勾踢他前支撑腿。

图 3-6-110

图 3-6-111

图 3-6-112

图 3-6-113

(2)反别腕勾踢

用反别腕擒拿术擒腕，然后左手向下托肘，右脚前靠半步，用右勾踢腿铲踢其支撑腿，将对方打倒。（图 3-6-115～图 3-6-118）

要领：用反别腕擒拿术擒腕，然后用勾踢腿铲踢其支撑腿将对方打倒。

图 3-6-114

图 3-6-115

图 3-6-116

图 3-6-117

(3)后扫破鞭腿

与对方对峙对方高鞭腿击头可突然下潜,然后迅速后转身、右后腿借拧腰转髋之势后扫其支撑腿,将其打倒。(图 3-6-119、图 3-6-121)

要领:对方高鞭腿击头时可突然下潜,同时迅速后转身,后腿借拧腰转髋之势后扫其支撑腿。

图 3-6-118

图 3-6-119

图 3-6-120

图 3-6-121

3.迫使底基与重心作相反运动类摔法

(1)蹬扑摔

与敌对峙,对方右直拳击胸,我用固中节走两冀之法封格对方来拳手臂,一旦封住立即趋身向前。(图 3-6-122、图 3-6-123)

图 3-6-122

图 3-6-123

后脚借身体前靠之势提膝上步，后蹬，后手同时前扑其胸，将其打倒。（图 3-6-124、图 3-6-125）

要领：趁对方摆拳后拉的瞬间，竖小臂前切其肘弯，后脚借身体前靠之势提膝上步，落地后蹬，后手同时前扑其胸将其打倒。

图 3-6-124

图 3-6-125

(2)反夹颈摔

与敌对峙，对方右冲拳击胸，我侧闪双拍来拳。（图 3-6-126、图 3-6-127）

图 3-6-126

图 3-6-127

拍压防格来拳的同时进身于对方侧后方，前手圈夹住对方的颈项、以屁股顶住其髋部，身体向左后转腰、长身、变脸，将其摔倒。（图 3-6-128～图 3-6-130）

要领：拍压防格来拳的同时进身于对方侧后方前手圈夹住对方的颈项，以屁股顶住其髋部身体向左后转腰、长身、变脸，将其摔出。

注意事项：送髋贴身时必须将臀部贴靠在对方的髋背部处作为支点，方能将对方摔出，女士勿用！

图 3-6-128

图 3-6-129

图 3-6-130

4.接腿摔基本技术

(1)接腿旋压

与敌对峙对方右鞭腿击胸，我可前格后抄接住对方打来的鞭腿，身体迅速向左后拧转、左脚向后倒插于对方裆内侧，身体继续左后转，双手擒腿向自己裆内下送，令其倒地。(图 3-6-131～图 3-6-135)

要领：前格后抄接住对方打来的鞭腿，身体迅速向左后拧转，双脚擒腿向自己裆内送。

图 3-6-131

图 3-6-132

图 3-6-133

图 3-6-134

图 3-6-135

(2)接腿涮摔

与敌对峙对方左鞭腿击头,可后格前抄接住鞭腿,顺其来腿之势先向下,再向侧前上方划弧形上带,令对方失重。(图 3-6-136～图 3-6-139)

要领:后格前抄接住鞭腿,顺其来腿之势向侧前方弧形上带,令对方失重。

图 3-6-136

图 3-6-137

图 3-6-138

图 3-6-139

(3)接腿勾踢

与敌对峙,对方左冲拳击胸,我可用右手向内拍挡来拳,对方右蹬腿击胸,我可侧闪抄抱

对方蹬腿，进步上顶前靠，同时以勾踢腿铲踢对方支撑腿，将其打倒。（图 3-6-140～图 3-6-144）

要领：侧闪抄抱对方蹬腿，上顶移步前靠，同时以勾踢腿铲踢对方支撑腿。

图 3-6-140

图 3-6-141

图 3-6-142

图 3-6-143

(4)接腿抹脖摔

对方与我对峙，对方用右鞭腿击头，我以左手挑格。（图 3-6-145、图 3-6-146）

图 3-6-144

图 3-6-145

同时我用右拳击头，左手挂住对方来腿不放，右手同时勾头，身体向右拧转，在右手勾头，左手推脚的同时以右踠脚磕击对方的支撑腿，将其打倒。（图 3-6-147～图 3-6-150）

要领：挂接对方来腿时，另一手同时前伸勾头，身体向右拧转，在勾头推脚的同时以踆脚磕击对方的支撑腿。

图 3-6-146

图 3-6-147

图 3-6-148

图 3-6-149

(5)接腿上顶

与敌对峙，对方左直拳击头，我可用右手向内拍挡来拳，此时对方极可能用右蹬腿击己方正面，我可略退步用双手抄接来腿，一旦接住来腿，可身体略下蹲进身，再双手随进身上抬其腿，将对方掀翻在地。(图 3-6-151～图 3-6-155)

要领：侧闪接住对方蹬腿时，身体前靠，双手同时握腿上顶，令其后倒。

图 3-6-150

图 3-6-151

图 3-6-152

图 3-6-153

图 3-6-154

图 3-6-155

四、峨眉摔角对练套路

1.甲方左冲拳，乙方右格蹬扑

双方互行峨眉拳礼后成实战姿式，甲方左冲拳，乙方进步向内右拍挡，然后左脚进步到甲方前脚外侧，左手按胸，前按，左脚后蹬用蹬扑攻击甲方。（图 3-6-156～图 3-6-159）

图 3-6-156

图 3-6-157

图 3-6-158

图 3-6-159

2. 甲方抽腿跳换步进身穿靠

甲方在快失重的状态迅速向左扭身顺势抽出左脚，跳换步用右脚进身封住乙方底基，右臂反插到乙方胸前。（图 3-6-160、图 3-6-161）

图 3-6-160

图 3-6-161

甲方以腰带臂反拦对方胸部，乙方迅速向右后转身提左脚，从甲方的控制中脱出。（图 3-6-162、图 3-6-163）

图 3-6-162

图 3-6-163

3. 甲方引手插步侧踹腿，乙方拍脚回鞭腿

不等乙方转身站稳，甲方立即上步右引手击眼，乙方起手上格，待乙方右手一起，甲方迅速发右侧踹腿攻击乙方胸腹部，乙方略收前脚，右手压落来腿，左后鞭腿顺甲方落腿之势反击其腰肋。（图 3-6-164～图 3-6-169）

图 3-6-164

图 3-6-165

图 3-6-166

图 3-6-167

图 3-6-168

图 3-6-169

4. 甲方接腿勾头摔，乙方前滚翻

甲方身体右拧曲右臂由下向上抄抱来腿，左冲拳同时攻击乙方眼部，趁对方仰头躲闪之机，甲方变拳为勾手，反勾乙方颈部，身体再带动两手勾头抱腿向左拧旋，使乙方倒地。（图3-6-169～图3-6-171）

图 3-6-170

图 3-6-171

5. 乙方右勾踢，甲方抽跳腾空鞭腿

等乙方一起，甲方即进步左掌击头，乙方左手上挂，同时进身右勾踢腿反击，在乙方勾踢即将踢到的瞬间，甲方突然抽提左脚，腾空左转身跃起，右鞭腿空中发出，踢击乙方胸部。（图 3-6-172～图 3-6-174）

图 3-6-172

图 3-6-173

6. 甲方落地击步右侧踹，乙方拍腿防

甲方落地左脚后插，右侧踹击胸、乙方拍腿防守。（图 3-6-175～图 3-6-177）

图 3-6-174

图 3-6-175

图 3-6-176

图 3-6-177

7. 乙方进身右蹬扑，甲方抽腿左勾踢

顺甲方收腿之势，乙方右脚在前进身于甲方身体侧后方并用右臂前拦，右脚后蹬，使用蹬扑技术，甲方拧腰转髋，从乙方右腿上抽腿，落脚后用左勾踢腿反勾乙方右脚，乙方迅速提右脚让过。（图 3-6-178～图 3-6-182）

图 3-6-178

图 3-6-179

图 3-6-180

图 3-6-181

8. 甲方上步右勾踢，乙方侧倒

乙方抽脚向后落，甲方身体向左拧转，迅速跳换步用右勾踢再铲击乙方的左支撑腿，使乙方侧倒。（图 3-6-183～图 3-6-186）

图 3-6-182

图 3-6-183

图 3-6-184

图 3-6-185

9. 乙方乌龙搅柱起身实战式对峙

乙方身体先坐起，再躺下右脚向左踢绕，领动右腿作空中云腿舞花动作，身体同时借势挺腰上顶，推地面，收腹，双脚落地身体起立与甲方格斗式对峙。（图 3-6-187）

图 3-6-186

图 3-6-187

10. 乙方左鞭腿，甲方双拍防

甲方上步左引手击头，乙方防格，同时左鞭腿击胸，甲方守，双拍防守。（图 3-6-188、图 3-6-189）

图 3-6-188

图 3-6-189

11. 甲方伏地后扫腿，乙方腾空里合腿

甲方顺拍腿之势，身体向左后拧转，伏地后扫腿，乙方腾空里合腿，躲过扫来之腿。（图 3-6-190、图 3-6-191）

图 3-6-190

图 3-6-191

12.甲方引手右侧踹，乙方拍腿回鞭腿

双方起身后对峙，甲方右引手，乙方左手上格，甲方击步右侧踹击胸，乙方拍腿。乙方顺甲方收腿之势回右鞭腿击腹。（图 3-6-192～图 3-6-195）

图 3-6-192

图 3-6-193

图 3-6-194

图 3-6-195

13.甲方接腿摔，乙方右侧倒地

甲方左格右抄接腿，同时迅速向后调身插腿，身体继续向左后拧转、双脚擒腿向自己裆内送，令乙方后倒。（图 3-6-196、图 3-6-197）

图 3-6-196

图 3-6-197

14.乙方鲤鱼打挺起身

乙方借后倒之势，双脚先收腹上举，再快速向前打压，空中挺髋，双脚一接触地面立即收腹勾头起立。（图 3-6-198、图 3-6-199）

图 3-6-198

图 3-6-199

15.双方互行抱拳礼

双方先成实战姿式，再互行峨眉拳礼。（图 3-6-200、图 3-6-201）

图 3-6-200

图 3-6-201

第四章　考评标准

第一节　段前级技术考评形式与技评及达标标准

一、段前一至三级级技术考评形式

1. 基本技术技评

从各级段静型动作中抽签选二种进行技术演练。

段前一级重点考核弓步要领及凤眼锤、立掌的规范，段前二级重点考核马步及砍掌的规范，段前三级考核仆步及虚步的规范，动作熟练正确尺度把握得当者为优秀，分值15～20分。

动作基本准确者为良。分值10～15分。

动作错误、生硬者为差。分值0～10分。

2. 单练套路演练考评

段前一至三级通看基本套路结合集体练习评定。

能正确熟练演练完整套动作，节奏鲜明，力量顺达能在集体练习中合拍者为优秀。分值30～40分。

能熟练演练完整套动作，力量顺达能在集体练习中基本合拍者为良。分值20～30分。

凡动作遗忘、僵硬，力量不顺不能在集体练习中合拍者为差。分值0～20分。

3. 武礼武德考评

武礼正确，遵守纪律，从不迟到早退，训练积极刻苦，尊师爱友，有集体观念者为优秀。分值30～40分。

武礼基本正确，基本能遵守纪律，不随便迟到早退，能坚持训练，尊师爱友，有集体观念者为良。分值20～30分。

不注重武礼，不遵守纪律，随便迟到早退，不坚持训练，不尊师爱友，无集体观念者为差。分值0～20分。

4. 达标标准

三项综合考评成绩达到60分以上者算达标。

二、段前三至五级级技术考评形式

1. 基本技术考评

三至五级除考核基本动作外还需讲清运气要领。

能正确熟练演练完整套动作，呼吸方法正确，力量顺达者为优秀。分值 40～50 分。

能熟练演练完整套动作，呼吸基本正确，力量顺达者为良。分值 20～40 分。

凡动作遗忘、僵硬，呼吸不正确，力量不顺者为差。分值 0～20 分。

2. 武礼武德考评

武礼正确，遵守纪律，从不迟到早退，训练积极刻苦，尊师爱友，有集体观念者为优秀。分值 30～40 分。

武礼基本正确，基本能遵守纪律，不随便迟到早退，能坚持训练，尊师爱友，有集体观念者为良。分值 20～30 分。

不注重武礼，不遵守纪律，随便迟到早退，不坚持训练，不尊师爱友，无集体观念者为差。分值 0～20 分。

3. 达标标准

二项综合考评成绩达到 60 分以上者算达标。

三、段前六至九级级技术考评形式

1. 基本技术考评

六至九级除考核基本步法外还需考核两人配合。

能正确熟练演练完整套动作，动作准确，节奏鲜明，力量顺达者为优秀。分值 30～40 分。

能熟练演练完整套动作，力量顺达者为良好。分值 20～30 分

凡动作遗忘、僵硬，力量不顺者为差。分值 0～20 分。

2. 配合练习时力点准确，节奏鲜明，力量顺达，双方配合默契者为优秀。分值 20～30 分。

能熟练完成配合整套动作，力点基本准确、双方配合基本默契者为良。分值 10～20 分。

不能熟练完成配合整套动作、双方配合不好者为差，分值 0～10 分。

3. 武礼武德考评

武礼正确，遵守纪律，从不迟到早退，训练积极刻苦，尊师爱友，有集体观念者为优秀。分值 20～30 分。

武礼基本正确，基本能遵守纪律，不随便迟到早退，能坚持训练，尊师爱友，有集体观念者为良。分值 10～20 分。

不注重武礼，不遵守纪律，随便迟到早退，不坚持训练，不尊师爱友，无集体观念者为良。

分值 0～10 分。

4.达标标准

三项综合考评成绩达到 60 分以上者算达标。

第二节 一段技术考评形式与技评及达标标准

一、基本技术技评

(1)从典型动作。

双扣指、缠腕、捋腕、解脱卷腕、分指锁臂、捋腕破抓肩等六种擒拿法中抽签选三种进行双人配合技术演练。

(2)单练套路演练考评。

(3)套路动作拆招讲解。

(4)条件实战。

二、技评

1.基本形态技评

动作熟练正确、力点准确,双方配合默契,尺度把握得当者为优秀。分值 30～40 分。

动作基本准确、熟练程度及双方配合基本默契者为良。分值 20～30 分。

动作错误、生硬、力点不准确,双配合不好者为差。分值 0～20 分。

2.单练套路演练考评

能正确熟练演练完整套动作,节奏鲜明,力量顺达者为优秀。分值 15～20 分。

能熟练演练完整套动作,力量顺达者为良。分值 10～15 分。

凡动作遗忘,僵硬,力量不顺者为差。分值 0～10 分。

3.套路动作拆招讲解(抽签决定由二段、三段单练套路中各选取二至三个动作作拆招讲解,可自选配合对手)

讲解正确,击打时机及动作要领正确者为优秀。分值 15～20 分。

讲解基本正确,击打时机及动作要领能基本掌握者为良。分值 10～15 分。

理解错误,不能正确掌握击打时机和基本要领者为差。分值分 0～10。

4.武礼武德考评

武礼正确,遵守纪律,从不迟到早退,训练积极刻苦,尊师爱友,有集体观念者为优秀。分值 10～20 分。

武礼基本正确,基本能遵守纪律,不随便迟到早退,能坚持训练,尊师爱友,有集体观念者为良。分值5～15分。

不注重武礼，不遵守纪律，随便迟到早退，不坚持训练，不尊师爱友，无集体观念者为差。分值0～5分。

三、达标标准

四项综合考评成绩达到60分以上者(含60分)算达标。

第三节　二段技术考评形式与技评及达标标准

一、二段技术考评形式

1.基本技术技评

从以下六种单操法中抽签展示其中的二种。

平圆刚性单操法；平圆柔性单操法；立圆刚性单操法；立圆柔性单操法；八字刚性单操法；八字形柔性单操法。

2.由以下14项柔推技术中抽签选取三项进行展示。

顺手牵羊；顺水推舟；托梁换柱；引化勾踢；拐肘别颈；采腕顶肘勾头顶鼻；顺牵推肘拍腰压肩；托肘肩靠法；托梁换柱夹颈反摔；托肘搂膝劈头；压颈拍腰；压颈踩膝弯(左右脚)；缠腕术、手臂压卷腕术；压臂扑面掌。

3.在刚、柔对练中各抽取一种进行展示

4.武礼武德评定

二、技评

1.单操法技评

动作准确、熟练，力量顺达者为优秀。分值20～30分。

动作基本准确、熟练程度一般者为良。分值15～25分。

动作错误、生硬者为差。分值0～15分。

2.柔推实用技术技评

动作规范、力点准确、力量顺达、有穿透力者为优秀。分值20～30分。

动作基本准确、力点基本准确、力量基本顺达、有一定穿透力者为良好。分值15～25分

动作错误、力点不准、力量僵滞、无穿透力者为差。分值0～15分

3.柔推对练套路演练考评

能正确熟练练演完整套动作，节奏鲜明，力量顺达者为优秀。分值15～20分。

能熟练练演完整套动作，力量基本顺达者为良好。分值 10～15 分。

凡动作遗忘，僵硬，力量不顺者为差。分值 0～10 分。

4. 武礼武德评定

按照段位制武礼及武德规范要求进行评比，总分值为 20 分。

三、达标标准

四项综合考评成绩达到 60 分以上者算达标。

第四节 三段技术考评形式与技评及达标标准

一、三段技术考评形式

1. 基本技术技评

从以下 10 种基本形态中抽签展示其中的四种。

侧身戒备式；摸耳麻痹式；挂挡下砸法；侧闪防御法；后仰闪法；潜闪防守法；戳掌；砍掌；捎掌；横拦掌。

2. 由以上 7～10 项基本形态中抽签选取三项进行击沙袋展示。

3. 单练套路演练考评。

4. 器械套路考评。

从所学门派中自选一套短器械（刀、剑、峨眉刺、槌、均可）进行考核。

套路动作不得少于 15 个动作，时间长度在 1 分钟以内即可。

5. 武礼武德评定。

二、徒手技评与器械技评

1. 基本形态技评

动作准确、熟练、力量顺达者为优秀。分值 10～30 分。

动作基本准确、熟练程度一般者为良。分值 10～25 分。

动作错误、生硬者为差。分值 0～15 分。

2. 击沙袋展示技评

动作规范、力点准确、力量顺达、有穿透力者为优秀。分值 20～30 分。（注：击沙袋时戳掌用小拳进行测试）

动作基本准确、力点基本准确、力量基本顺达、有一定穿透力者为良。分值 10～25 分。

动作错误、力点不准、力量僵滞、无穿透力者为差。分值 0～15 分。

3. 单练套路演练考评

能正确熟练练演完整套动作，节奏鲜明，力量顺达者为优秀。分值 10～20 分。

能熟练练演完整套动作，力量基本顺达者为良。分值 10～15 分。

凡动作遗忘，僵硬，力量不顺者为差。分值 0～10 分。

4. 器械套路基本形态技评

身械协调、动作准确、熟练、力量顺达者为优秀。分值 60～80 分。

动作基本准确、熟练程度一般者为良。分值 40～60 分。

动作错误、生硬者为差。分值 0～40 分。

5. 武礼武德评定

按照段位制武礼及武德规范要求进行评比，总分值为 20 分。

四、达标标准

前四项综合考评成绩与第五项成绩相加除以 2 达到 60 分以上者算达标。

第五节　四段技术考评形式与技评及达标标准

一、四段技术考评形式

(1)从侧踹腿；前鞭腿；后鞭腿；前蹬腿；后蹬腿等五种腿法中抽签选不同类别的二种进行技术演练。(注：前后鞭腿属一类，前后蹬腿属一类)

(2)基本腿法中抽签选取不同类别的二项进行击靶展示。

(3)单练套路演练考评。

(4)套路动作拆招讲解。

(5)器械套路演练考评。

(6)武礼武德评定。

二、徒手技评

1. 基本腿法技评

动作准确、熟练、柔韧性好、力量顺达者为优秀。分值 20～25 分。

动作基本准确、熟练程度及柔韧性一般者为良。分值 10～20 分。

动作错误、生硬、柔韧性很差者为差。分值 0～10 分。

2. 击靶展示

动作规范、力点准确、力量顺达、有穿透力者为优秀。分值 20～25 分

动作基本准确、力点基本准确、力量基本顺达、有一定穿透力者为良。分值 10～20 分

动作错误、力点不准、力量僵滞、无穿透力者为差。分值 0～10 分

3. 单练套路演练考评

能正确熟练练演完整套动作，节奏鲜明，力量顺达者为优秀。分值 15～20 分。

能熟练练演完整套动作，力量基本顺达者为良好。分值 10～15 分。

凡动作遗忘，僵硬，力量不顺者为差。分值 0～10 分。

4. 套路动作拆招讲解（抽签决定由单练套路中选取二至三个动作作拆招讲解，可自选配合对手）。

讲解正确，击打时机及动作要领正确者为优秀。分值 15～20 分。

讲解基本正确，击打时机及动作要领能基本掌握者为良。分值 5～15 分。

理解错误，不能正确掌握击打时机和基本要领者为差。分值分 0～5。

三、器械技评

1. 基本形态技评

器械的基本握法、基本使用方法。分值 15～20 分。

2. 器械套路考评

从所学门派中自选长短各一套短器械（刀、剑、峨眉刺、槌，枪、棍均可）进行考核。

套路动作不得少于 25 个动作，时间长度在 1 分半钟以内即可。

能正确熟练练演完整套动作，身械协调、节奏鲜明，力量顺达者为优秀。分值 15～20 分。

能熟练练演完整套动作，力量基本顺达者为良好。分值 10～15 分。

凡动作遗忘，僵硬，力量不顺者为差。分值 0～10 分。

四、武礼武德评定

按照段位制武礼及武德规范要求进行评比，总分值为 15 分。

五、达标标准

六项综合考评成绩达到 60 分以上者算达标。

第六节 五段技术考评形式与技评及达标标准

一、五段技术考评形式

（1）从顶肘；横击肘；顶膝；斜撞膝；背折靠；膀靠；肩靠等七种技法中抽签选四种进行技

术演练。

(2)从以上七种技法中抽签选取四项进行击靶展示。

(3)单练套路演练考评。

(4)自选一套不少于三十个动作的器械进行考评。

(5)套路动作拆招讲解。

(6)条件实战。

二、技评

1.基本形态技评

动作准确、熟练、柔韧性好、力量顺达者为优秀。分值20～25分。

动作基本准确、熟练程度及柔韧性一般者为良。分值10～20分。

动作错误、生硬,柔韧性很差者为差。分值0～10分。

2.击靶展示

动作规范、力点准确、力量顺达、有穿透力者为优秀。分值16～20分。

动作基本准确、力点基本准确、力量基本顺达、有一定穿透力者为良。分值10～15分。

动作错误、力点不准、力量僵滞、无穿透力者为差。分值0～10分。

3.单练套路演练考评

能正确熟练练演完整套动作,节奏鲜明,力量顺达者为优秀。分值15～20分。

能熟练练演完整套动作,力量顺达者为良。分值10～15分。

凡动作遗忘,僵硬,力量不顺者为差。分值0～10分。

4.套路动作拆招讲解(抽签决定由三段、四段单练套路中各选取二至三个动作作拆招讲解,可自选配合对手)。

讲解正确,击打时机及动作要领正确者为优秀。分值15～20分。

讲解基本正确,击打时机及动作要领能基本掌握者为良。分值10～15分。

理解错误,不能正确掌握击打时机和基本要领者为差。分值分0～10分。

5.器械套路考评

从所学门派中自选长短各一套短器械(刀、剑、峨眉刺、槌,枪、棍均可)进行考核。

套路动作不得少于25个动作,时间长度在1分半钟以内即可。

能正确熟练练演完整套动作,身械协调、节奏鲜明,力量顺达者为优秀。分值15～20分。

能熟练练演完整套动作,力量基本顺达者为良好。分值10～15分

凡动作遗忘、僵硬,力量不顺者为差。分值0～10分。

6.条件实战

由考评小组根据考核学员的实际情况(年龄、体重、性别等)进行分组配对,在打、踢、拿、

肘膝靠法四类技法中指定三至五个技法进行条件实战，胜者获 5～15 分，败者获 0～5 分。

三、达标标准

五项综合考评成绩达到 80 分以上者算达标。

第七节 六段技术考评形式与技评及达标标准

一、六段技术考评形式

(1)从抱腿肩靠；拍腰拦喉；进身穿靠摔；推肘勾踢；反别腕勾踢；后扫破鞭腿；蹬扑摔；拦喉蹬膝；接腿别压；接腿抹脖等十种典型摔法中抽签选四种进行个人技术演练。

(2)从十种典型摔法中抽签选取三项进行配合展示(自选配合对手)。

(3)单练套路演练考评。

(4)套路动作拆招讲解。

(5)自选一套不少于三十个动作的器械进行考评。

(6)实战。

二、技评

1.基本形态技评

动作准确、熟练、柔韧性好、力量顺达者为优秀。分值 10～15 分。

动作基本准确、熟练程度及柔韧性一般者为良。分值 5～10 分。

动作错误、生硬，柔韧性很差者为差。分值 0～5 分。

2.摔法配合展示

动作规范、力点准确、力量顺达、配合默契、效果明显者为优秀。分值 20～25 分。

动作基本准确、力点基本准确、力量基本顺达、有一定穿透力者为良。分值 10～20 分。

动作错误、力点不准、力量僵滞、无穿透力者为差。分值 0～10 分。

3.单练套路演练考评

能正确熟练练演完整套动作，节奏鲜明，力量顺达者为优秀。分值 15～20 分。

能熟练练演完整套动作，力量顺达者为良好。分值 10～15 分。

凡动作遗忘，僵硬，力量不顺者为差。分值 0～10 分。

4.套路动作拆招讲解(抽签决定由四段、五段单练套路中各选取三至五个动作作拆招讲解，可自选配合对手。)

讲解正确，击打时机及动作要领正确者为优秀。分值 15～20 分。

讲解基本正确,击打时机及动作要领能基本掌握者为良好。分值 10～15 分。

理解错误,不能正确掌握击打时机和基本要领者为差。分值分 0～10。

5. 器械套路考评

从所学门派中自选长短各一套短器械(刀、剑、峨眉刺、槌,枪、棍均可)进行考核。

套路动作不得少于 25 个动作,时间长度在 1 分半钟以内即可。

能正确熟练练演完整套动作,身体协调、节奏鲜明,力量顺达者为优秀。分值 15～20 分。

能熟练练演完整套动作,力量基本顺达者为良好。分值 10～15 分。

凡动作遗忘,僵硬,力量不顺者为差。分值 0～10 分。

6. 实战

由考评小组根据考核学员的实际情况(年龄、体重、性别等)进行分组配对实战,采用国家体育总局武术运动管理中心审定的通级实战规则,胜者获 20 分,败者获 0 分。

三、达标标准

五项综合考评成绩达到 80 分以上者算达标。

第五章 实战搏击的关键要素

俗话说："拳打两不知。"大千世界你随时会碰到各种各样的对手，遇到各种难以预料的不同情况，现代实战竞技更无例外，不同的搏击技术使用不同的竞赛规则，不同类形、不同国家、不同人种、不同级别的选手在不完全相同的擂台上进行拼搏，加上不同赛区不同的地理气候环境，各个具体选手的风格、体能体力、技战术的不同，所涉及的未知数可以说是千变万化的。

若能在这些千变万化的情况中找出带规律性的问题加以探讨、分析和理解，直正做到融汇贯通并熟记于心，勤学苦练，将这些规律指导下所形成的技战术变成条件反射，尔后逢千招万招，方能豁然开朗，应付自如。

古往今来，有多少习武之人之所以"学一知一"同一技法在他人之手，气吞万里如虎，为自己所用却黯然失色，皆因知其然而不知其所以然。一些深得此道的武师却又不愿意将真功夫轻授于人，或者传术不传理，故使受传者虽形似而难神似。本文作者深明此理，故将擂台竞技中若干带规律性的重要问题以深入浅出形式择要剖析于前，欲令学者能事半功倍，举一反三，收变化无穷之功。

我国武术流传几千年，分支流派浩繁，攻防之法甚为丰富，成法千千万万，有"刚在他力前"的主攻型打法，有"柔在彼力后"的"避法变形""脱化变形""闭法反攻"等后人发先人至的后动攻击型打法。虽然方法很多，然其却遵守一个共同规律：即愿伤敌而不被敌所伤这就像水只能从高处往低处流一样毋庸质疑，怎样才能达到这个目的呢？让我们先来看看前人的经验：

其一："交手进步远观方，逢虚则进还谨防，上下左右循环手，揉住敌人左右傍，启动捶来埋头脚，裹连搅缠标插藏，手不粘身休用力，用力犹如推山刚。"

其二："善圆能走化，抢角占上风，发须循直线，一点见真功。"

其三："有意莫带形，带形必不赢。"

其四："远踢近打，靠身摔。"

其五："彼不动，已不动，彼微动，已先动。"

其六："两肘不离肋，两拳不离心，腿似闪电，拳如流星，法转神奇，目似金睛，出手势破竹，出脚需用心。"

其七："不招不架，就是一下，犯了招架，十下八下。"

其八："高来提镖手，逢中用破手，单边用盘手，伤人用箭手。"

其他还有什么‘拳似两扇门，全凭腿打人……手打三分腿打七”“一寸长，一寸强，一寸小，一寸巧”……各家各派，众说纷纭，这里仅挑了几则浅显易懂的试手要决，供读者看看前人对于临战的心理状况，方法要领，攻击时机和战术运用的形象总结，以开阔视野。说到这里大家不难看出，要想真正了解和掌握现代搏击擂台竞技知识，需要学习和掌握的东西是非常之多的。并且其中一大部分诸如力量、速度、方法等是靠长年累月的不懈坚持、苦练才能达到较高深的境界的。所谓功底的深厚，绝不是靠一朝一夕的练习即能达到的。这里，笔者的目的是想通过自己的心得体会，让广大爱好者能在现有的基础上少走一些弯路，争取尽快地了解和掌握一些擂台竞技技术中的关键。

我们认为：现代搏击有很多问题都是教练员和选手都必须了解并掌握的。如：对竞赛环境的观察和利用；对临战双方的心理状态；对攻击时机的正确选择和判断；对最佳距离的把握；对提高起动速度和运动速度的认识；对于战术和打法的运用；对对方重心焦点变化规律的掌握等等诸多问题。

下面，我们将逐一为大家解说。

一、论临战

临战时首先要把周围的地势，对方的态势统统看清，切不可掉以轻心，不能以外貌来判断对方之强弱，更不能怯阵，必须做到临战有主，临危不惧，做到身为强者不可骄，身为弱小不畏惧，要有敢打必胜的信念。尽可能做到“知己知彼”，以避其优势，以己之长，击敌之短。在利用环境条件，地物地形方面，前人有很多经验总结。这里，作者将结合自己多年教学，实战的经验，为大家做个综合性的介绍。

“侵晨没向东，篝夜不朝灯，泞泥不临敌，临崖往前侵。”

清晨起来旭日东升，璀灿的阳光透过朝霞、云层，将越来越耀眼夺目。作为晨练的地方，确是一个绝佳的环境，可是作为在室外露天擂台上进行搏击来说，却千万不可背西向东。这时向东，对方的动作将会由于霞光的帮助而使你感到神出鬼没，捉摸不定。而你的动作甚至意图，都会被对方看得清楚。这是因为清晨的霞光变化很快，将强烈地刺激你的视觉器官，使你产生眩目效应。而对方背东朝西，光线直接照射在你的身上，当然给他的进攻造成了极大的方便，而对你却大为不利了。“篝夜不朝灯”的原理基本一样，在这种特定环境下，应随时修正自己的位置，利用传统实战的各种步法，特别是消摆步和转身摆步、四方步等，“固中节，走两冀”诱使对方进入向东朝灯的境地，以把握搏斗的主动权，“泞泥不临敌”站在泥泞之中的人不要与站在干燥地面的人搏斗，应首先想法脱离泥泞地。然后再寻机与对方搏斗，实在无法办到，就步步往泥泞地后退，引敌深入，使双方的搏斗条件对等，然后再放手一搏，也为无法之中的办法了。“临崖往前侵”，己方位置比较安全，而对方所站地势十分危险时（如站在悬崖边上，堤岸边上，背后有障碍物），我千万不要猛打猛攻，这时猛攻，若顺利，可能一击成功，但稍不慎，则可能敌我易位，甚至被对方借势顺劲将我反打下险境。这时正确的做法应该是稳扎稳打，步步侵逼，始终保持一种若即若离的状态，使对方感到想反扑，又稍差一点，不反扑，己方威胁又很大。想从侧边绕出，我又封死了他的出路。给他心理上形成一种潜在的威胁和震慑，使其在实在没有退路的情况下盲目反扑，而给己方攻击造成一种十分有利的时机和态势，此时再发，势如破竹，一举成功。

在现代散打竞赛中，对擂台的熟悉和掌握同样重要，怎样才能利用打下擂台的战术取胜呢？散手竞赛规则规定：一局比赛中，被打下擂台一次，对方得 3 分，两次被打下擂台，则输掉一局。比赛的擂台，长宽均 8 米，高 60 厘米。双方的竞赛条件完全均等。如何利用下擂战术至关重要，这就要求运动员在激烈的搏斗之中，能随时熟知自己在擂台上的位置，并根据自己与对方的相对位置调整自己的战术和打法。有人可能会说，激烈的竞争之中，双方的精力高度集中在智力和体力技术的拼斗之上，哪还容你分心去注意自己在擂台的什么位置。这种说法，其实是十分错误的，孙子云："知己知彼，百战不殆。"擂台赛中的"知己"，就不仅包括了解自己技术特点，体力状态，神经类型，还必须包括随时了解自己周围的环境和地势。如擂台哪面向光，哪面背光，台面什么地方不平。知彼也一样，必须了解和掌握这些因素，才能以己之长，克敌之短，变不利为有利，才能立于不败之地。

激烈的搏斗中，当然不允许分太多的心去注意自己的位置，但只要在平时的训练中多加留心锻炼自己这方面的能力，临敌就成为了一种下意识的动作了，这里我们为大家提供一点经验之谈，供大家参考。首先要学会用余光照顾周围的环境。敌我双方往台上一站，我除了注意力应集中在对方身上以外，余光还应观察到对方身后和两侧的情况。对于这一点，任何人稍加留心，都应能办到。对手身后和两侧的环境，即是我此时所处位置的最佳参照物，简单一点说：我看到对方时，他的身后只有一条擂台边，那他一定处在擂台的边缘，而我身后必然是大半个擂台。如他的身后能看见一条横边，两条长竖边，那我就势必已处于擂台的边缘，此时应十分注意了。若此时看到的是一个角，那我背后肯定是绝大部分擂台，而对方必处于擂台角上。若看到的是三个角，那我必然已处于危险的擂台角上了。双方处在擂台中部则更好判断，在此不再赘述。顺便说一下，在日常生活中，双方在房中搏斗时，情况同擂台上极为相似。在平常的训练中，有意的对这方面的能力经常加以锻炼，比赛中就不会临时抓瞎了。熟知了自己在擂台上的位置，下擂战术就比较容易成功。常见的技术有两类，一是当对方处于的边角时，用"临崖往前侵"的战术打法将敌打下擂台或赶下擂台；二是当自己处于边角时，千万要沉住气，用千斤不动功凝神以待。待其全力攻来的瞬间或突然闪身，让过来势，借力将对方打下擂台；或主动后倒，用过胸摔或过顶摔将对方从我身体上方向台下摔去。

二、论寻隙

要善于发现对方的弱点。自古以来，中华武术之所以能以弱胜强，以少胜多，这在很大程度上是依赖对敌方的破绽和要害的打击。当然，在格斗中，格斗双方都在不断地运动着，双方尽力避免暴露自己的要害而竭力寻找对方的破绽。在此情况下，就需我们在平时用心探索，不但要熟知人体所固有的要害，更要牢记竞赛规则中哪些是禁击的要害。要善于总结经验，发现规律，掌握规律，掌握那些运动中容易暴露的破绽，利用力学原理，利用重心重力的变化规律来制服对方，以免临时抓瞎。

现行的竞赛规则规定：严格禁止攻击人体的后脑、颈部和裆部；不准使用头、肘、膝和反关节的动作攻击对方；不允许使用迫使对方头部先着地的摔法；不允许使用横摆性腿法攻击头部；不许连击头部；对手倒地以后，不允许用腿攻击头部。了解了这些禁击部位和禁止使用的方法，怎样才能最巧妙地保护自己，尽快发现对方破绽就成了寻隙的主要矛盾。

擂台赛的实践活动中常可以看到这样的情形，某一选手在左架对左架的情况下，发拳出腿部得心应手，但一旦对方转变成右架对他左架时，他却显得处处力拙被动，力不从心了。还有的选手防鞭腿或低踹腿时方法十分娴熟，十分有效，可对方一旦发个高侧踹腿，他却手脚无措了……针对这些情况作者总结了这么一条经验，在比赛净打的两分钟内，不能老是采用一种姿态和有限的各种打法，应不断地变换自己的进攻角度和部位，采用不同的攻击方法，以尽快地发现对方的破绽和弱点，否则，不但不能找出对方的破绽，反而很容易让对方掌握自己的运动规律，发现自己的弱点。一旦试探成功，找到了对方的弱点和破绽，即应毫不留情，专攻他的弱点和破绽之处。等对方一旦适应过来，终场的锣声可能早已敲响。所以在平常的训练中对各种不同类型的技术一定要全面掌握，重点突出。在实战中方能虚虚实实令对方防不胜防。有人说："不怕千招会，就怕一招熟。"这一招一式练熟了就是"绝招"。这话对于练功来说，确有一些道理。但在散打技术高度发展的今天，仅想凭一招一式就欲独霸擂台无疑是白日痴梦。殊不知对手千千万万，各人的风格特点和专工都不尽相同，你这"绝招"用于此人十分见效，手到擒敌，于彼人却可能处处制肘。万物相生相克原本是十分正常的事，你在实战中虽然运用的是屡见奇功的"绝招"但这一次对方则可能专攻克制你这"绝招"之法的。一旦遇到这种情况，你临时拿不出另外的东西来反克他，则将陷入十分被动的挨打局面。反过来说，你若能比较全面，临场应变能力再强些，这时所用的虽然是你不太精熟的技术，但可能恰恰能令对方发挥不出优势而陷于被动挨打的狼狈局面。

另外，赛前也可通过看录像资料或观看对方的比赛来寻找他的破绽，发现他的弱点，这在科学技术高度发展的今天早已不是什么难事了。一旦掌握了他的运动规律，找出了他的破绽之处和弱点，即应与教练员一道，制定出切实可行的战术打法，甚至找一队友模仿对手的技术特点进行陪练。这种方法，在比赛的关键场次或重要场次都十分必要。也只有这样，才能使我们在复杂多变的擂台竞技中掌握主动，把握时机，做到像庖丁解牛那样，目无全牛，游刃有余，才能在风云万变的擂台竞技中真正掌握主动权。

三、论时机

善于发现对方的弱点固为重要。可在什么情况下该以防守为主，在什么情况下抓住什么时机进行进攻或反击才能陷对方于被动，才不会发空拳空腿，则显得更为至关紧要了。实战中，找准时机完全可以说是胜负的关键问题。自古以来各家各派就在这个问题上大下功夫，并把自己的经验视为至宝，绝不轻易传人。在此，笔者把历年来所收集的口诀略述一二，兼谈谈自己的理解和体会。

一曰："猴进狗退，蛇吞虎发。"其意说：在实战中需运用吞、吐、浮、沉等身步法。当对方攻来时，我须像狗、蛇在遭遇对手时那样。双眼狠狠盯住对方，微微略退，刚好退在对方锋口不及之处，不可太过，也不可不及，而待对方一收腿手，我却顺他收势，如猴儿抢宝之灵，似猛虎扑食之勇，猛攻他不及再发之躯。

二曰："刚在他力前，柔在他力后，彼忙我静待，知拍任君斗。"其意讲：攻击人的时机，若用刚猛之力，需发在他发力意识之前，快捷勇猛，迅雷不及掩耳，使他来不及反应或即使能反应过来，可在我强劲勇猛的攻势面前也无法招架得住。若要用防守反击的方法攻击他，则需候他先发动，待他力一发，我即需看准他力来的方向，以柔克刚，借力打力，借其势而发其身。即"借其千斤力，不卖四两功"。这样，纵然他左晃右跳，我心归一，不为他所动，以逸待劳，以不变应万变，没有不胜的道理。

三曰："上乘落，下乘举，前乘冲，跃乘起。"其意讲：若对方从上往下劈打我，我需乘他锋口刚过，下滑惯性尚未消失之际攻击他最易成功。若对方由下住上击我，我可顺势挑起彼臂，下击他中下三路。若对方前冲攻击我，我则需先侧身消掉他之来势，再以肘膝反击他中下盘，或乘他前冲之势顺牵他，令他前倒。他若跃起，我可让过他的攻击势头，于空中攻击他力发不到的势背之处效果最好。

四曰："不招不架，只是一下，犯了招架，十下八下。"其意讲：对方攻来，不能只顾招架防守，若只消极地防守，那就会失掉反攻的机会。因为对方发一拳和我一招架防守，所花的时间基本相差无几，我防格一手，他第二手又打来，这样，我始终会慢一手，显得被动狼狈。在这种情况下，采取你打你的，己方打己方的，采用利用角度的打法，当他攻来之时，我可在消身侧闪的同时，攻击他的背势破绽之处。如：对方铲踢我腿，我可在跳起闪过的同时攻击他的上中盘。

此外，还有什么"先下手为强，后下手遭殃""出手犹如势破竹，只视对手为木偶"，"手快，心毒，哪怕他变化无穷""进攻是最好的防守"……这些说教，都有他各自的道理，这里就不再一一分析了。

总的来说，在具体应用上，击打时机按技术类型可分为主攻型选手常用的先下手为强的先发制人型和防守反击型选手常用的后人发先人至的二类。在以强对弱的情况下，通常可采用在他力前的先发制人的时机，在采用这一类时机时，除双方的确存在非常大的优劣悬殊以外，其他的也应该抓住对方的瞬间劣势再发起进攻，方能保证攻击的成功率。这种瞬间劣势通常表现为：

(1)注意力分散时。

(2)其心虚或过于紧张时(常见于刚踏入擂台竞技领域的新手)。

(3)当其身体失去平衡时(地垫的磕绊或攻击动作的失误常会造成这种状况)。

(4)当其虚招动作过大,露出破绽时(虚招动作引起了重心的转移即为过大)。

(5)当其缺乏灵活性呆滞时(擂台竞技中常见于被重击后)。

一旦对方出现以上五种情况,即可大胆猛攻,能善于把握对方瞬间劣势者,加上自身的生理优势,不带预兆的突发攻势能使你获得极大的成功。

在身体条件弱于对手的情况下则最好采用防守反击型的打法,即拳谚中常说的"彼不动,己不动;彼微动,己先动"的各种打法,用通俗的说法就是意在人前,动在人后,常用的方法有封堵反击法、半式反击法和成式反击法几种。

封堵反击法主要用于对方动作预兆太大,如摆拳的后拉瞬间我前切他的肘弯;鞭腿领髋瞬间我用侧踹腿截击他的腹部。令对方的动作被封闭堵而发不出来,我一旦得手,即可趁势反击。半式反击法则主要利用我国民族英雄戚继光在其所著的《纪效新书》中所总结的"旧力略过,新力未发"这一较为普遍的击打时机,这一时机要求我们把握对方某一攻击动作从发出到收手的全过程,他的攻势锋口一过就称为旧力略过,而下滑惯性阶段则称为新力未发。在其这第一攻击未完成的阶段,第二攻击动作是不可能发出的,也就是说,只要一让过他的攻势锋口,立即全力反击,一般能让对方十分被动。记住:这个反击必须要迅雷不及掩耳!若太慢,则对方的下滑惯性一消失,第二攻势又发出,必然与己方反击形成对碰。这就是说,对方"旧力已过,新力又发"了。从"略"字开始,到"未发"之前的这一段时间,是攻击对方的最佳时机,我这一切动作都应与这段时间同步,即,己方的攻击动作,应从"略"字开始,我发触敌躯,需完成在他"发"之前。这个时机,必须把握得准,才能制胜对方。这一段时间的长短,常常因人而宜,训练水平很高的人,他的起动速度和运动速度都很快,这一段可利用的时间相对很短,而训练水平不高的人都因为动作速度慢而给我创造了较长的可利用时机。当然,不管他慢也罢,快也罢,这个可利用的时间间隙却始终存在,不过,时间间隔短则更需我们更精确地把握这种稍纵即逝的时机罢了。特别是擂台竞技技术高度发展的今天,一次性的防守反击已不能适应擂台赛中的那种高节奏、连续性的拼斗方式了。按现今的竞赛规则规定:每场打三局,三打两胜制,每局净打两分钟,局间休息一分钟。净打的两分钟内除了运动员倒地、负伤,整理护具等短暂的暂停外,要求运动员连续不断地进行攻击和拼搏。这就给我们提出了在提高连续进攻能力的基础上如何打好第二时间差、第三时间差,即如何打好二次和三次防守反击的新课题。

人体的机体能力始终是有限的,不可能始终保持强有力的连贯快速攻击,最多是几个动作就会出现一次停顿、一次喘息,而这种停顿,则又为我们提供了一次可利用之机。反过来说,提高起动速度和运动速度,既可缩短不利的时间间隔,当然就可以加强己方的击打速度了。所以在平时的训练中必须加强提高这方面的能力。若在实战中能更精确地把握这种稍纵即逝的短暂时机,则可打好二次防守反击、三次防守反击,则可无往而不利了。对于这种时机的把握,一定要平常多加探讨,多加练习,实战中更要注意对方的动作预兆,他刚一起动，即应能准确地判断出他的运动方向和角度，然后迅速采取对策，从他背势的角度攻击他不易转换的死角。在打好第一次防守反击的基础上抓二次防守反击、三次防守反击的时机，在对方的连续性攻击面前不乱步伐，不失掉反攻劲力，抓住他停顿前的一个动作刚发出，或某个间隙时间较长，动作的余力未尽时，我即略避快攻，或挨轻打重，也能达到后发先至的功效，这正如在战场上，战士利用敌人机枪换弹匣的间隙一跃而上的道理一样。

成式反击法主要用于对方的某一动作完成瞬间，我顺他动作运行的方向顺牵对方，或从他的身体死角处封闭他，令他的第二攻击不能或很难发出。具体的方法有顺手牵羊、顺水推舟、采莲双勾、十字披挂、拗蹬扑等。

四、论速捷

"手快打手慢……""快打慢，急打迟……""一快遮百丑"历代搏击高手都十分重视实战中如何提高运动速度这个问题，特别是通过选择最佳攻击时机中对时机的分析。我们知道，动作速度的加快，就人为地减少了"旧力略过，新力未生"的被动时间，就为把握攻攻击时机提供了物质条件，特点是起动速度的加快，在实战中具有更大的实际意义。当起动速度快到一定程度时，对方明知道你发动了进攻，也可能措手不及，被动挨打。

说起来，这似乎是有些悬，但其实不然。因为任何人对事物的反应，总是要经过感觉器官洞察事物的发生——传入神经的传递——大脑中枢神经的综合分析和判断后下达指令——传出神经的传递——效应器，如手脚来执行这些指令这五个环节。这个过程我们把它统称为反射弧，这五环节之间的传递是靠神经突——轴突释放一种化学物质(乙酰胆碱)来完成的，是反射弧中耽误时间最长的环节。生理学上把它叫做突轴延搁，突轴延搁的时值长短表示了一个反应性的高低，它随着训练水平的不同而有所改变，正常人一般 0.2 秒左右，训练有素的运动员可能短到 0.15 秒左右，正是这种延搁使人在突发的攻击面前常常感到措手不及。正因为如此，努力提高人体神经的兴奋性和灵活性是十分必要的，有效的方法可采用负重训练法，即在四肢绑上一定重量的沙袋，全力快速地十组拳打脚踢的组台方法，每组每次 10 秒至 20 秒，组与组之间间隔 10 秒。这样，当你去掉沙袋以后，运动速度就会显著提高。提高了人体的运动速度和连贯性将明显地减少被动挨打的时间间隔，为实战提供有利的条件，但并不能说就能让你稳操胜券。要想真正稳操胜券，就得从减少反射环节，提高起动速度和意动单位等三方面入手方能办到。减少反射弧的环节就是将本应由大脑高级中枢神经来完成的综合、分析、判断等过程交由脊髓低级中枢来完成。简单一点来说，就是将针对人体正侧背三面，上中下三部所常见的动作反应练到下意识，自动化的阶段，练到像婴儿看见奶嘴就会吮吸，完全不需大脑的判断而自动作出反应。"拳打千遍，身法自然"，要想真正做到这一点，就得把各种攻防方法根据自身的生理特点加以选择训练，切记"不怕千招会，就怕一招热"这句拳谚，只要是适合你自身特点的打法，哪怕只有几招，一旦练得精熟，就自然成为了"绝招"。这就像写字一样，开始一定要认真临摹，做到形似，经过千万次的刻苦学习，逐渐进入神似阶段，最后经过在不同场合的运用下能举一反三，而最终达到出神入化的炉火纯青之境界。在重点掌握的基础上，再全面了解，就更能使你的擂台竞技技术上一档次。

如果说是提高运动速度就像把拉一下，打一发的老式步枪改造成了能够连发的冲锋枪、机关枪一样。那么提高起动速度的意义就像能在任何时候迅速拔枪击发那么重要了，这就不但要求能将高级反射中枢转移到低级中枢，以减少反射时间，还要求机体具有极强的应激能力和运动能力。要想做到这一点，首先要学会“放松”。

在一般正常情况下人体的放松是随意的，也是很容易的。可是在情绪紧张的时候就不那么妙了。那时人体各部肌肉大量紧张，本不应发力的部位(拮抗肌)大量收缩，而导致应该收缩的部位却发不出力来。

放松的要领首先是要善于自我稳定、自我调节、自我引导。这需要在平时的训练中有意识地诱导和锻炼。常见的方法有：自我暗示法、优势浮现法、呼吸调节法等。

自我暗示主要应学会使用“潜台词”，如在紧张的场合下自我告诫：“没关系，这不过是一群‘乌合之众’‘是一堆南瓜白菜’‘不用那么紧张’放松一些‘再放松一些’……”在这些暗示下，你会慢慢平静下来，充满信心。

优势浮现法主要用于赛前紧张时，回想自己以前在相似场合下进行比赛取得成功的情景，增强自己必胜的信心。随着这种自信心的增强，你会发现你已逐渐进入了放松的境地。

呼吸调节法主要用于紧张或急躁时。慢慢地深呼吸一次，将气息先吸入腹腔，稍顿一会，再徐徐吐出，如此反复几次，即能达到调节情绪，放松机体的目的。学会了放松以后，迅速调动机体能量，以最快的速度发动攻势就相对容易一些了。具体的训练步骤是：先练手脚的起动速度，即在十分放松的情况下，根据教练员的突发信号，以最快的速度出拳、发腿。然后，再从静止的状态下，根据突发信号，快速地按指定路线和方向移动重心。训练到一定的情况下即可增加负荷进行起动练习。有负荷与无负荷训练应交替进行。

最后，让我们再来谈一谈意动单位。一个人的动作，不论发拳也好，出腿也好，总是在一定的意识支配下完成的。这一拳一脚或是想格击来腿，或是想伤人某部。我们把一个意识支配下完成的一次动作叫做一个“意动单位”，用时间“哒”来限定。随着训练水平的不同，这个“哒”字的意义有很大差异，也就是说，训练有素者和一般人的差异并不主要用“哒”字的长短来区别。他们之间最主要的差别在于一个意动单位中所包含的实际意义，即在同样的一个“哒”字中包括着不同内涵。对于这个问题，举个简单的例子即能让大家明白。如：对方冲拳击头，对于这个简单的攻击，有人的反应是举手格挡然后回击；有人的反应是退步避开；也有的人是偏头闪让然后回击；也有的人是举手格挡的同时另一手回击；还有的人是偏头闪过的同时回击之手已打中了对方。大家不难看出，第一种举手格挡是一个意动单位，占时一个“哒”字，而回手反击又是一个意动单位再占一个“哒”字，即一次防守反击用了两个“哒”字。而最后两种人的防守和反击均只用了一个意动单位，只占用了一个“哒”字，即他的一个意动单位同时包含了防与攻两种含意，两个动作。大家不难看出，后者正是由于其意动单位所包含的意义的拓展，使他的成功率也相应地增加了一倍。别人用二个"哒"字才能完成的动作，他仅用一个"哒"字就完成了，从一个单一的动作来看，这种提高似乎仅提高了约 1 秒的时间. 然而实战中，往往却正是这 1 秒的差别，就为你的胜利奠定了坚实的基础。正因为如此，我们希望大家在平常的训练中应多注意这方面素质的培养，养成在你的每个意动单位中包括尽可能全面的攻防意义。包括含义可能截然不同，然用劲却尽可能协调一致的两至三个动作。如：侧身躲闪和发拳攻击的统一；上身侧仰让过来拳，下面同时发腿攻击对方的统一；下蹲潜闪和勾拳击腹的统一；侧闪拍脚和鞭腿同时击腰的统一等等。如此而为，使提速训练的各个方面都达到下意识的、自动化的运动动力定型阶段，临阵应敌，就必然能够毫不思索，举手成功了。

综上所述，要想使自己在实战中的运动速度快速有效，首先要学会放松，使自己的一切动作均能快速、突然、令对手防不胜防。其次，在平时的训练中根据自己的身理特点结合实战中常见的范例，切实研究并制定一系列在每一个"哒"字中即每一个意动单位中包括尽可能完善，尽可能合理(符合身理特点、运动规律)的实战动作。最后再运用超量恢复原理。采用负重训练法，把这一系列科学合理的攻防动作练成连贯快速的，达到运动动力定型的自动化阶段，真正做到"拳打千遍，身法自然"。临阵应敌方能做到"熟能生巧，游刃有余"，立于不败之地。

此外，在实战中还应尽量做到腿闪似电、拳如流星，做到应变力强，发得猛急，收得轻快，再发力强，步稳，力实，多变。注意在攻击对方时，尽量以迅猛多变的动作给对方双目造成威胁，令其不能对我的动作作出及时准确的判断，不能迅速发现我的弱点，这样，才有利于我迅猛多变的快速打法，打击对方所暴露的一切破绽，赢得场上的主动权。

五、论步与距离感

拳法云："手、眼、身、法、步，以法为主。"然又云："法门以步为先。"辩证地阐明了"法"与"步"的重要和相互之间的关系。对手相逢，步法不灵便、脚法不轻利、距离感把握不住，那是很被动的。在搏斗中纵然看到了于自己有利的战机，也知道应用何法即能取胜，然而步法跟不上，显得力不从心，当然也只好弃良机而无为了。而对于一些身强力壮者，若步法不能随心，也不能发挥你的特长。往往会出现想打打不上，想走退不及，处处显得笨拙被动。所以，要想真正掌握武术擂台竞技的主动权，步法不练好是绝对不行的。

至于具体练法，后面将专门介绍，希爱好者在众多的传统步法中挑那么一两种能适应自己的步法，诸如什么"六合步，消摆步，三角步、四方步，五形步，圆形步……"都行，只要能练得自己感到进退、转折随心，也就得其法了。下面介绍一下进退的尺寸掌握问题。

拳谚云："前退需得宜，发转方及时。"其意讲：不论对方攻我，还是我发击敌，均须进退合适，攻不得过猛，退不得过急。攻得过猛，会使自己全身重心全部前倾而失掉再发之力(前倾致使自己的各部关节处于活动尽头，因而再发势必先得回身）。其势若弧注一掷，成败在此一下，若遇对手高强，其败之惨，不可言状。又言退之不得过急，退得过急，一则反攻再发困难，二则势必远离对方。虽避过了对手锋芒，然而要想制胜对手，就得首先补回敌我之间的距离，然后才谈得上发触敌躯。从技击上讲，虽然避过了对方的锋芒，然而却无建树，终究算不得上乘。那么。要怎样才算得上"进退相宜"呢？

俗话说："拳打分寸，拳打一张纸。"也就是说，距离感把握得好，能发出一分一寸的爆发劲也能重创对方，所以，拳谚又有"一寸长，一寸强"之说，反过来说，距离感把握得不好，哪怕只差一张纸的距离（发力的尽头与对方的距离）也不可能损对方之毫发。好手对敌就像在你的拳面上贴了一张纸一般，你退一尺，他进一尺，你进一丈，他退一丈，任你用尽吃奶之力，也休想将纸打破半分。

实战中，双方间距离的调整，常常是借助于身法的变换和步法移动来完成的，在这方面，有很多经验之说，如："长对短，不用赶""短对长，脚下忙"。乍一看来，这两句拳谚似乎专指长短兵器的搏斗而言，其实引申过来，对于徒手搏击，也不乏指导意义。高个对矮个，如果离得太近，势必处处为对方创造有利条件，使他容易进入我身体之各部死角背势之处，这样对我的威力发挥则大为不利，将处处感到制肘。

正确的方式应该是，未接手前以侵逼为主，始终保持一种，我若发动攻击，一击必中，而对方想攻我则感离得稍远，有力不从心的距离。在这种情况下，稳扎稳打，步步为营，将对方侵逼至心中发毛，心神不宁。或处于不利环境（如擂台边缘、背后有障碍物、眼对强光等）时再突发猛攻，重创对方。

攻击时一定要考虑对方可能退出的距离，一般的经验是，欲攻击他的胸部，发劲的作力点（力头）应穿过他的胸部打他的背心，这样，我的总攻击距离减去他本能的后闪距离，攻击点可能恰好打中他的胸部，还能保持一定的冲击力。高个对矮个，一般采用'蹭步进退，粘步进退"。

反过来，矮个对高个，则应贯彻"固中节，走两冀……短对长，进身傍……对手强来须侧应，得便即应进中门"的战术方针，充分运用个矮小者暴露面少不需蹲得太低，因而身灵步活的优势，运用传统的各种步法，迂回运动，专找对方势背的死角进行骚扰，进击。调动对方，一旦时机成熟，直杀中宫，猛击他不及变化之躯。实战中，这种脚下忙的运动一定得结合对时机的判断和掌握。利用对方手长、脚长，一旦出动，"旧力略过，新力未生"的时间间隔较长，而且转动性差等弱点，如：对方第一次出击，机会不够成熟，但我可利用这一次时间差的出现，运动到他不太方便的侧后方，人为的使其被动时间加长，然后再发动攻击，一样可以收到后人发而先人至的神效。矮个对高个可选择"六台步进退，消摆步进退……"

不论是高个对矮个，还是矮个对高个，在每一次实际攻击时都必须考虑对方本能后闪的距离，阻击型打法则考虑他前冲的距离，笔者总结多年教学与实战的经验认为，解决这个问题的最简单做法是：每一次攻击都运用"透劲"打法（虚招除外）这个问题就迎刃而解了。

何为“透劲”呢”简单点说，就是要有击穿之劲，正如前面所介绍的，打人前胸，一定不能只打到前胸，只打到前胸且不说对方本能一闪，可能使你这一击落空；即使打到，也只能伤他皮毛，不可能给他造成重创。

正确的做法是：攻击对方，任何时候都只能将他的身体看成是一层装饰纸，一个软掩体，而把真正的攻击点放在穿过他身体的最后方。如：直拳攻击他胸部，真正的攻击点应放在他的背心处；直拳攻击他的右肋，真正的攻击点则应放在他的左肋；顶膝攻击他的腹部，真正的攻击点则应放在他的后背；鞭腿击左腰，真正的攻击点应放在右腰；蹬腿击腹，真正的攻击点则应放在后背……只有这样，才可能获得最大的攻击冲量，得到最佳的击打效果，才可能将人打出、打倒、打伤。

另外，发劲时，一定要善于把脚蹬地的反作用力，拧腰转胯，送肩催肘的爆发力统一集中，通过拳脚作用到对方的躯干上。

六、论击倒与快摔

散手竞赛规则规定：不论采用何家何派技术方法，只要击倒对方而自己站立者均可得两分。若先后倒地，后倒地者得一分。擂台竞技中虽然击倒或摔倒对方一次只能得两分，但在擂台赛的实战中不难看到，用很漂亮的打法或摔法令对方接连倒地几次，不仅能使场内的观众情绪骤然高涨，更能鼓舞自己的士气，令对方暗暗胆寒。正是快摔法的这种特殊作用，令快摔成为了国内外的专家学者长期研究的课题，笔者也不例外，10多年来不断研究实践总结，终于形成了一套理论体系，现将我多年来潜心研究的快摔击倒理论呈现于前，欲令学者能从中得到收益，并在学习后面的具体技法时能举一反三，成为擂台大赛中的强者。

击倒术基本理论

先让我们来看一下一张稳定的条桌，桌子与地面的中心点叫重心，四条腿之间的虚线所构成的范围叫底基（也叫支撑面），桌面重心与地面垂心之间的连线叫铅直线，也叫重心垂线。重心垂线和重心到支撑面边缘相应点连线之间的夹角叫稳定角，稳定角分前后稳定角和左右稳定角，稳定角大稳定度就大，稳定角小稳定度就小。重心垂线落于底基正中时，前、后、左、右的稳定角对称相等，此时，条桌的稳度为最大。在外力作用下，条桌发生倾斜，重心垂线向底基边沿移动。稳定角由最大逐渐变小，重心垂线尚还落于底基范围之内，此时去掉外力条桌又会恢复到稳定状态，这时叫做稳定平衡，但在外力作用下，若重心垂线落出底基范围，即稳度角变为负数，此时，即使去掉外力，条桌也必翻无疑，这种情况叫做不稳平衡。

由此，我们可能得出这样一种结论：物体稳定的基本条件就是重心垂线保持在底基之中，重心垂线一旦落出底基范围，它就翻倒。另外，同样一张条桌，左右脚之间的范围大（即底基开度大）此时，稳定角也相应大；而前后脚之间的范围小（即底基范围小），此时的稳定角也相应减小。从这儿我们可以看出，在同样大的外力作用下，条桌向左右不容易翻倒，而向前后则容易翻倒。

另外，同一物体或人体，在其底基不变的情况下，重心越伸高，则稳定角则越小，则稳定度也就越差。

在物理学的学习中，我们知道，几何形状固定的物体，其重心位置是不变的。如：铁饼、钢杆、铅球等的重心位置是固定的，可是当物体的形状或质量发生改变的时候，物体的重心位置也会随之而改变。如：将一根笔直的铁棒弄弯曲时，它的重心就会由铁棒中部转移到铁棒外面。

人体骨架是由许多骨骼连结而成的杠杆系统。其形状是千变万化的，因此人体总重心的位置也随着千变万化。如：手臂上举，重心升高；身体后仰，重心后移；下蹲，重心下降；向左弯腰，重心左移……重心位置移动的方向总跟身体部位移动的方向是一致的。

人体在静止站立的情况下，重心低的比重心高的稳，在重心同样的情况下（以立姿为例）对人体施加向后的作用力，人体很容易倒地而对人体施加同样大小的向前作用力时，人体则不容易翻倒，这是由于人体的生理构造和生活习惯决定的人向前时重心变化要比向后时重心变化容易很多，因此，人体遭到向前的外作用力时能很快地降低和调整重心，保持稳定，而遭到向后的作用力时重心的调整和降低则要困难得多，所以容易翻倒。此外，根据稳定角的原理我们可以知道，人在蹲马步时左右稳定角大而前后稳定角小，所以从前向后施加外力容易使人翻倒，而从左右施加外力则不容易使人翻倒，人在呈弓步时则前后稳定角大而右左稳定角小，这时从前后施力不容易将其推倒，而从左右则很容易将人推倒，当然，我们知道，人体是个不断运动着的整体，不可能老是处于静止的某一种状态。

人体在运动中，它的平衡总是本能地在各种情况下，自然地凋节着重心和底基的相互关系，使身体从各种不稳定的状态下恢复平稳，严格一点说，人体在运动中的走、跑都是在视觉、本体感觉的相互配合下，在大脑中枢神经的协调指挥下，使人体的重心移动速度和底基移动速度始终相对适应，即重心移动快，身体前倾厉害，底基的移动速度也相应快，双脚交替快；重心移动慢，底基也移动慢。反过来说，双脚的快速交替移动，也是为了适应身体前倾造成的重心靠前。在这种相互适应的过程中，无论重心移动速度超过底基移动速度，还是底基移动速度超过重心移动速度都会使人体摔倒。在日常生活中，我们经常可以看到这样一种情况：人在遭受到外来威胁而惶惶后退时，一个很矮的障碍物往往也能将人绊倒。

这是人体在后退的过程中底基的相对移动速度因障碍物的阻挡而遭到了破坏，使重心的移动速度超前于底基，重心垂线落出了底基范围而使人摔倒。而在向前跑时，即使在慌乱中被同一障碍物绊一下（哪怕是更高一些的障碍物），人体也会在即将失重的瞬间迅速地调整过来，踉跄几步后又恢复平衡，同样的障碍物，为什么后退时容易翻倒而前进时却不容易翻倒呢？这就给我们提出了另外一个问题：

即人体在遭受从哪一个方面来的击打力量最容易失重？我们知道，人体不外乎是由正面、侧面（包括左右）和背面三个面组成。

(1)正面

由于长期的生活习惯,前行肌群十分发达,视觉和本体感觉非常敏捷,能迅速地调整底基和重心的相对移动速度,在很多种不利情况下都能将重心迅速地调整到底基之中。再加上人体对敌时很少用背面对对方,逃跑情况除外,所以要想从对方背部用力,使其向前栽倒是比较困难的,这正是前面所举的例子所表现的特点。

(2)背面

人体背面的运动却正好是最困难的。一是人体背面没有视觉,二是本体感觉相对很差,加之后退肌群很薄弱,所以正如前面所举的例子那样,一个很矮小的障碍物也会将人绊倒。看到这里,有的朋友可能会说,从前向后打击敌人,最容易成功!事实真像这样吗?我们说,不一定!任何事物总是有利就有弊的,从理论上讲,从前向后,确实最容易将对方打倒,可是我们不能忘记,前面是人体的本体感觉和视觉最强的一面,反应最为敏捷,要想从前面直接发起进攻而又要对方不察觉是非常困难的,针对这种矛盾,我们给大家提供一些可利用的机会和战术方法,供大家参考。从前面进攻应该抓住:①敌人心虚、怯力,或注意力不集中时;②外界突发声响或不利条件使对方产生短时呆愣时;③运用战术调动对方使其上当受骗时。

(3)侧面

人体侧面与两支撑点双脚处于同一水平面,底基的开合度相对较大,在静止的正常体位时是相对最稳的一面,视觉和本体感觉比后面好而比前面差,加上侧面的要害部位暴露较少,攻击力也很强,所以侧面摆架开手常为武林中人所采用。

正是由于这些原因,掌握并利用侧面的缺点和破绽就显得尤为重要。首先让我们从稳度的角度出发来看看侧面有哪些弱点可以为我们所利用,从前面的分析我们知道,人体对前面的事物反应敏捷而对背后的事物反应迟钝,前行肌群强本体感觉好,而后退肌群弱,本体感觉差。而人体在对搏时是没有绝对的正侧之分的。脚步一摆,正就可能成为侧,身体一拧,侧就可能成为正,正是这样,我们提出了"侧面进击,反旋施力,逼人背势,发人死角"的论点。即从对方的侧面进身,封住他离我最近的一只脚,然后用迫使对方身体的反旋运动的力量攻击他,将他打倒。"逼人背势,发人死角"的要领是:我的一切进攻动作,都应围绕着将对方引入一种不易转移和调整的境地,让他在我最具威力的一击尚未发出时各部关节就处于或接近于其运动极限,然后再加上猛力一击,使他根本来不及调整,必倒无疑。此外,发力时一定要注意角度,最好的角度产生的效果往往是能使对方根本无法调整底基和重心的关系,或能调整也是自己的脚绕自己的脚,自己的脚拌自己的脚。